本书是2020年辽宁省教育厅科学研究经费项目"基于□□□□公民超义务道德行为研究"(jyt-dldxjc202009)、2020年大连大学科研创新创业团队项目"一流小学教育专业核心课程建设理论与实践研究"(XQN202010)阶段性研究成果

# 道德责任的理论研究与仿真实验

贾金平 著

大连理工大学出版社

图书在版编目(CIP)数据

道德责任的理论研究与仿真实验 / 贾金平著. -- 大连：大连理工大学出版社，2022.11
 ISBN 978-7-5685-3767-4

Ⅰ.①道… Ⅱ.①贾… Ⅲ.①大学生－道德修养－研究 Ⅳ.①G641.6

中国版本图书馆 CIP 数据核字(2022)第 047285 号

大连理工大学出版社出版

地址：大连市软件园路 80 号　邮政编码：116023
发行：0411-84708842　邮购：0411-84708943　传真：0411-84701466
E-mail:dutp@dutp.cn　URL:https://www.dutp.cn
大连金华光彩色印刷有限公司印刷　大连理工大学出版社发行

| 幅面尺寸：163mm×230mm | 印张：11 | 字数：162 千字 |
| --- | --- | --- |
| 2022 年 11 月第 1 版 | | 2022 年 11 月第 1 次印刷 |
| 责任编辑：邵　婉　张　娜 | | 责任校对：婧　萱 |
| 封面设计：波　朗 | | |

ISBN 978-7-5685-3767-4　　　　　　　　　　定　价：55.00 元

本书如有印装质量问题，请与我社发行部联系更换。

# 序　言

　　道德是依靠社会舆论、交往压力以及个体自身认同的价值观念调整人与自然、人与社会以及人与人之间关系的规范体系。个体道德的范畴按照领域划分为私德、公德和职业道德，按照层次划分为利他、互利和利己，按照作用方式划分为自律和外烁。道德在个体身上有两种基本作用方式：一是向内，个体用其认同的道德规范约束自身的行为，称之为自律；二是向外，个体将其认同的道德规范以语言或行动的方式表达出来，支持符合道德规范的人和事，规劝、制止或谴责违反道德规范的人和事，称之为外烁。在汉语中，"烁"的本意是"发光的样子"，它既代表了由内向外的趋势，又隐含着正义、光明的意蕴，符合个体道德的第二种作用方式。我之所以在道德教育研究的范畴中，首次使用"外烁"这个概念，是因为以往学者们仅用领域和层次两个范畴来分析个体道德的构成形态，实际上留有大量解释残余，而增加使用"自律"和"外烁"这对概念能够更加完整和清晰地阐释个体道德的构成特征。这样，随着时代的发展，社会对人的道德外烁水平有了越来越高的要求。因此，深入研究道德外烁的时代价值及其教育策略，对在我国构建符合时代发展要求的新的道德文化和相应的教育体系，具有十分重要的价值。

　　贾金平博士在跟随我攻读博士学位期间，深受由我首次提出的道德外烁思想的影响和启发，把道德外烁作为超义务道德责任的一部分，在建构个人道德责任的基本分析结构方面有了新的创新性思考。在这之前，很多学者都认同把道德责任划分为基本道德责任和超义务道德责任，但是没有学者细分超义务道德责任。他科学地细分了个人的超义务道德责任内容，合理地把道德外烁纳入超义务道德责任范畴，富有启发性地拓宽了道德责任的研究领域。

贾金平博士运用新的分析结构研究校园内大学生道德责任现状，获得了几个有意义的研究结论。特别是，通过大量的问卷调查数据进一步检验柯尔伯格道德认知发展理论里的一个重要判断，即"责任判断是正义和公正的道义判断通往道德行为的桥梁"，这有助于学者和道德教育实践者进一步理解柯尔伯格道德认知发展理论的思想和价值。

贾金平博士首次把博弈演化仿真实验方法应用于道德责任实证研究，对道德责任的部分研究结论进行博弈演化分析。这是博弈演化仿真方法首次运用于道德责任研究。仿真实验的结果从一个崭新的视角展现出在什么条件下群体履行道德责任的密度较高，什么条件下群体履行道德责任的密度较低，两者之间转变的关键的节点在什么位置。这些仿真结果丰富了学术界对于群体履行道德责任现状的认识。

他认为，"根据调查问卷获得的责任判断失衡力取值范围，博弈演化规则也将对已有策略更换概率进行条件加强"，这无疑是对博弈演化方法的拓展性探索。诚如他所坦言的，"本书博弈演化过程和结果可能会给其他学者一些有价值的启示，即便引发的是一些质疑和批评，也必定是有一定价值的理性辩论。"伴随传统研究问题和新研究方法适切性矛盾的出现，学者们自然会加强研究这种适切性矛盾，不断解决这个矛盾，从而实现进一步推动运用新研究方法研究传统研究问题，拓宽道德问题的研究视域。

贾金平博士以其博士学位论文为基础完成了专著《道德责任的理论研究与仿真实验》。作为他在攻读博士学位期间的指导教师，我非常欣慰，希望他能精益求精，不断提升自己的学术研究水平和运用新的方法解决新老教育难题的能力。

傅维利

2022 年 4 月 5 日

# 前　言

2015年12月27日,全国人大修订的《中华人民共和国高等教育法》对"高等教育的任务"做了适当修改,较之原来的内容增加了培养大学生"社会责任感",也就是要培养大学生成为真正意义上的社会人。米歇尔·鲍曼(Baurmann M)认为,社会人的标志是以一定的社会价值为导向并接受一定的规范约束,他将这些价值和规范"内化",即潜移默化并将其作为自己行为的决定性动机。[①] 具有责任感的社会人首先会认同和接受主流的社会价值,接受社会道德规范、纪律规定和法律法规等约束,不违反各种规范要求。一个拥有责任感的社会,必然是健康的社会,它不仅仅是幸福的社会。一个充满风险、危机、焦虑不安的社会就是一个病态社会,而这样的病态社会正是屏蔽了伦理责任的后果。责任实现是社会健康发展的保障,道德教育是责任意识升华和责任实现的内在需要。[②] 2019年,我国高等教育毛入学率整体超过50%,即我国高等教育进入普及化阶段,由此,培养具有高度社会责任感的大学生,对于社会的健康发展具有至关重要的作用。彼得·F.德鲁克(Peter Drucker)认为,知识社会的中心道德问题将是知识人的道德责任。[③] 大学生作为未来知识社会的建设者,其社会道德责任必然会直接左右着社会发展的方向、速度和质量。

---

① [德]米歇尔·鲍曼.道德的市场[M].肖君,黄承业,译.北京:北京中国社会科学出版社,2003:276.
② 李谧.风险社会的伦理责任[M].北京:中国社会科学出版社,2015:202.
③ 彼得·F.德鲁克.知识人的道德责任决定知识的未来[J].吉首大学学报:社会科学版,2008(3):58-61.

合抱之木,生于毫末;九层之台,起于垒土;千里之行,始于足下。① 大学生在成为"社会人"之前,应该首先成为"学校人"。做一名合格的、负责任的"学校人"是成为一名合格的、负责任的"社会人"的必要条件。

在学校道德教育过程中,如果过度强调大学生在校园之外的社会责任,有意或无意地淡化大学生在校园之内的道德责任,这将是本末倒置,扭曲了学校道德责任教育的任务和重点。无数鲜活的事例反复说明一个道理,学校道德教育应该首先培养大学生成为一名合格的、负责任的学校人,在完成或基本完成这个任务的基础上,再进一步培养大学生成为一名合格的、负责任的社会人。作为米歇尔·鲍曼对社会人定义的一个类比,学校人是指能够以一定的学校学习生活价值为导向并接受一定的规范约束,并且将这些价值和规范内化为自己行为决定性动机的学生。同样是生活在校园中,有些学生能够将学校学习生活价值和规范内化到自己的行动之中,有些学生有意或无意地抵制学校学习生活价值和规范。一般地,前者已经成为"学校人",走上社会后,倾向于成为具有良好责任感的社会公民,而后者虽在学校中生活和学习很多年,却始终不是"学校人",走上社会后,很难成为具有良好责任感的社会公民。

学会担当责任,是学会做人的开始。主动承担责任,是当代大学生全面发展的前提。② 培养大学生社会责任感,应该首先培养他们的学校责任感,培养他们对学校学习生活价值的认同以及遵守学校学习生活规范约束。道德责任是学校学习生活价值和规范约束的核心之一,大学生在与同学、教师和职工的交往过程中,应该履行自己应当承担的所有道德责任。校园内大学生履行道德责任既是基于其身份的角色要求,也是基于未来成为社会人、推动社会更好地向前发展的需要。

---

① 老子.道德经[M].北京:作家出版社,2016:224.
② 谭德礼.论多元文化时代大学生的道德责任[J].中国青年政治学院学报,2010(5):64-67.

# 前　言

道德研究过程中,思辨性研究和实证性研究是两类主要研究方法。思辨性研究主要是根据某一或某些道德理论思想,结合相应的文献资料和研究者个人主观经验感受等,对某一或某些道德现象和问题进行思考和辨析。实证性研究内容较为宽泛,量化、质性及混合研究都可以归属实证研究的范畴。① 量化研究又称定量研究,是以教育测量为基础,使用自然科学研究方法和范式对教育问题进行分析,包括问卷法、访谈法、实验法等。质性研究又称质的研究,强调研究过程的自然性和事实陈述的整体性。前者排除了研究者本人是研究工具,后者承认研究者本人是研究工具。由于量化研究和质性研究各有优势,近些年,一些学者呼吁建立混合研究,即在一个研究方法运用过程中,兼顾量化研究和质性研究的运用方法和研究优势。目前,德育研究方法中居统治地位的是定量研究。② 我国教育研究仍然明显存在学术研究范式单一化的问题。

与道德相关的话题很多,进而又形成了很多研究问题,与这些研究问题相关的硕士和博士毕业论文也很多。在中国知网,时间设置2000—2018年,检索条件是题目中包含"道德"二字并且词频为"精确",检索到7 688篇硕博论文。以摘要中分别包含问卷调查、访谈、文献法等词语对上述结果进行二次检索,词频为"精确"。文献分析结果显示,在道德研究中,问卷法和访谈法是硕博毕业论文最常用的实证研究方法。叙事研究法、行动研究和民族志等质性研究相对较少。没有出现仿真实验法。

道德研究隶属于人文社会科学的研究范畴,着眼于个人和群体道德现象和问题的描述、分析和对策研究,涉及个人对道德的认知、情感、意志和行动等思维内容。人的思维具有复杂性、自组织性、不可还原性和不稳

---

① 数据最后更新时间是2019年3月6日。姚计海.教育实证研究方法的范式问题与反思[J].华东师范大学学报:教育科学版,2017(3):64-70.

② 赵红全.德育研究中质的研究方法探析[J].青年研究,2004(4):45-49.

定性。已有的主要研究方法只能揭示和解释德育问题和现象的部分特征。每种研究方法都有其优缺点,都有其适用的范围和对象。由于教育系统的复杂性,运用单一的研究方法是无法完成一项课题研究的,必须综合运用多种研究方法,才能使教育科学研究更为全面,更有说服力。在复杂性思维视阈下,教育科学的研究方法必须进行创新:广泛应用先进的现代技术手段,注重质的研究方法的运用,综合运用多种研究方法。①

道德责任研究过程中,既要坚持运用已有相对成熟、主流的研究方法,又要尝试探索新的研究方法。研究给教育带来描述、预测、改进和解释四种类型的知识。② 道德责任的研究,需要有新的观察和思辨的视角,提出新的研究问题。对于新的研究问题的分析,已相对成熟和主流的研究方法必不可少,因为这些研究方法能够在一定程度上进行解释和解答。对于旧的研究问题,传统研究方法运用已久,研究逻辑和论断乏善可新,此时,亟须探索新的研究方法,新的研究方法可能从新的角度重新审视旧问题,获得更加深刻或崭新的结论。诚然,新的研究方法的运用也可能失败或有不足之处,但是,尝试探索新研究方法的过程将是道德责任研究乃至教育研究不断提升研究水平、逐渐被广泛认可的必由之路。

道德责任的认知、情感、意志和行动是道德责任结构的一种常见划分,另一种常见划分是面对不同对象即对自己、对他人、对社会和对自然的道德责任。上述两种分析结构运用得非常普遍,相关的研究结论也非常丰富。但是,建立新的分析结构,进一步丰富道德责任的理论研究,显然具有十分重要的研究意义。

康德道德责任理论的一个重要思想是把道德责任划分为两个层次,

---

① 刘艳.复杂性思维视阈下的教育科学研究方法创新[J].内蒙古师范大学学报:教育科学版,2012(8):96-98.
② [美]梅雷迪斯·D.高尔,沃尔特·R.博格,乔伊斯·P.高尔.教育研究方法导论[M].许庆豫,等,译.南京:江苏教育出版社,2002:2.

即完全道德责任和不完全道德责任,并举例对之进行说明,但是没有非常深入地揭示完全道德责任和不完全道德责任的内涵和外延。特别是,康德道德责任的绝对命令格式饱受诟病。弗兰克纳(William K. Frankena)在一定程度上有效地克服了康德道德责任理论的不足。在弗兰克纳混合义务论中,道德责任的善行原则继承和发展了穆勒等功利主义学派的核心思想,公正原则是对康德绝对命令格式的有效修正。与康德道德责任理论相比,弗兰克纳基于善行原则和公正原则的道德责任理论是相对理想和易被接受的道德责任。如果能够在弗兰克纳混合义务论基础上进一步发展道德责任内容的确定原则,即便不够十分完备,也可以给其他学者的研究带来几点有价值的启发。

基于上述两点分析,本研究的理论意义在于以下几点:

其一,基于康德道德责任理论、弗兰克纳道德责任理论和柯尔伯格(Kohlberg)道德认知发展理论,结合伦理学和哲学等方面的相关文献,尝试建立校园内大学生道德责任新的分析结构。新的分析结构有助于促进道德责任分析结构的多元化发展,揭示道德责任发展规律,在一定程度上丰富道德责任研究问题和研究领域。

其二,运用新的分析结构研究校园内大学生道德责任现状,将会获得几个有意义的研究结论。特别是,通过大量的问卷调查数据检验柯尔伯格道德认知发展理论里的一个重要判断,即"责任判断是正义和公正的道义判断通往道德行为的桥梁",有助于学者们进一步理解柯尔伯格道德认知发展理论的思想和价值。

其三,首次把博弈演化仿真实验方法应用于道德责任实证研究,对道德责任的部分研究结论进行博弈演化分析。博弈演化仿真实验方法进入了"意在教育生活"的研究。吴定初和雷云(2005)认为,意在教育生活是指对实在教育生活进行的"体悟及其结果",以及对体悟的进一步"认识及其结果",对意在教育生活的研究,有利于激发研究者开拓新的研究领域,丰富教育研究并增强教育理论对实践的包容性。[①] 因此,本书博弈演化过程和结果可能会给其他学者一些有价值的启示,即便引发的是一些质疑和批评,也必定是有一定价值的理性辩论。

本书的主要研究内容包括:

研究内容之一,构建一套具有一定科学性和创新性的校园内大学生道德责任的分析结构。基于康德、弗兰克纳和柯尔伯格道德理论,结合伦理学和哲学等方面的其他相关文献,建立校园内大学生道德责任的分析结构。所设计的分析结构旨在清晰,与传统道德责任分析结构明显不同,在一定程度上促进道德责任分析结构的多元化。

研究内容之二,运用上述分析结构编制调查问卷,研究校园内大学生道德责任现状。分析不同身份特征的大学生道义判断、责任判断和道德行为水平;研究在道义判断通往道德行为的过程中责任判断的桥梁作用。对大学生履行群体道德责任进行博弈演化分析,分析大学生群体的集聚程度和承担道德责任的社会成本对大学生承担道德责任的影响程度,验证柯尔伯格重要论断的稳定性。

研究内容之三,分析校园内大学生道德责任现状的原因。通过对学生和教师进行访谈,结合文献资料,对大学生履行和不履行道德责任的原因进行分析。

研究内容之四,提升校园内大学生道德责任水平的教育对策。根据上述现状调查和原因分析,在学校管理制度和教师教学等方面提出几条有新意、有可操作性、具有一定的预期实践价值、能够解决部分实际问题的对策建议。

---

① 吴定初,雷云.教育研究对象观探新[J].社会科学战线,2005(3):228-231.

本书的主要研究方法包括：

第一种实证方法是问卷调查法。道德责任问题具有复杂性，但大学生道德责任水平能够在一定程度上被刻画出来。理由如下：校园内大学生交往人群非常明确，主要是同学、教师和职工等三类群体，交往事件主要是学习事件和生活事件；按照利益取向，分为不损他、不损互利和利他三个方向；存在不损他、不损互利和利他等学习和生活的典型事件。按照以上原则设计问卷，大学生在典型事件中的认知判断和行为选择将能够体现出大学生的道德责任。因此，问卷调查法适用于本课题的研究需要。

第二种实证方法是仿真实验法。根据博弈演化理论，编写 MATLAB 程序，调试程序参数，分析大学生群体的集聚程度和承担道德责任的社会成本等因素对大学生履行道德责任的影响程度。仿真实验的优势是能够模拟各种条件下群体承担或不承担道德责任的群体密度和群体收益等变化趋势，呈现出可视化的分析结果。这种研究方法是一次创新性的实践运用，将可能有助于丰富和发展道德责任的研究内容。

第三种实证方法是师生访谈法。围绕校园内大学生不负责任的典型现象和问题，访谈部分教师和学生。访谈内容将从个体角度揭示或解释大学生不负责任现象背后的原因。

本书的研究特色和创新之处主要有：

研究特色和创新之一，校园内大学生道德责任分析结构有创新。道德责任研究的分析结构应当是多元的，这样才能从多个视角、多个维度等更加全面、细致和深入地剖析现象和问题。本研究主要是分析大学生与同学、教师和职工等人群交往过程中，面临不同利益取向（利他、互利和利己）时的道义判断、责任判断和道德行为三个方面的水平。

研究特色和创新之二，对大学生不同身份特征（如性别、年级、学科、城乡、班级角色、学习成绩和所在高校层次等）道德责任进行差异性分析，特别是将分析道义判断经由责任判断到道德行为的变化及大学生不同身份特征的影响情况。

研究特色和创新之三,将验证、丰富和发展柯尔伯格的重要论断"责任判断是正义和公正的道义判断通往道德行为的桥梁"。

研究特色和创新之四,对群体道德责任状况进行博弈演化仿真实验。这是博弈演化仿真方法首次运用于道德责任研究。仿真实验的结果将从一个崭新的视角展现什么条件下群体履行道德责任的密度较高,什么条件下群体履行道德责任的密度较低,两者之间转变的关键的节点在什么位置。这些仿真结果将丰富学术界对于群体履行道德责任现状的认识。特别地,根据调查问卷获得的责任判断失衡力取值范围,博弈演化规则也将对已有策略更换概率进行条件加强,这是对博弈演化方法的创新。

贾金平

2022 年 8 月

# 目　录

**第一章　道德责任的内涵** / 1
　　一、责任 / 1
　　二、超义务行为 / 4
　　三、道德责任 / 9
　　四、校园内大学生道德责任 / 20
　　本章小结 / 26

**第二章　道德责任的分析结构** / 27
　　一、道德责任内容 / 28
　　二、个人道德责任内在构成的基本分析结构 / 51
　　本章小结 / 56

**第三章　校园内大学生道德责任现状的研究方法与过程** / 58
　　一、问卷调查法 / 59
　　二、仿真实验法 / 66
　　三、师生访谈法 / 72
　　本章小结 / 76

**第四章　校园内大学生道德责任现状的总体特征与分析** / 78
　　一、大学生道德责任的总体状况及其受人际关系的影响
　　　　情况 / 79

二、道义判断通往道德行为过程中责任判断的作用 / 88

三、责任判断对道德行为的失衡力范围对群体履行道德
　　责任的影响情况 / 91

四、道德环境对大学生履行道德责任的影响情况 / 94

本章小结 / 101

## 第五章　校园内大学生道德责任现状的维度特征与分析 / 104

一、大学生基本道德责任水平和超义务道德责任水平的
　　差异情况 / 104

二、大学生不损他道德责任水平和不损互利道德责任
　　水平的差异情况 / 107

三、大学生帮助他人道德责任水平和举报他人道德责任
　　水平的差异情况 / 113

四、大学生学习方面道德责任水平和生活方面道德责任
　　水平的差异情况 / 119

五、大学生与同学、与教师和与非教职员工交往时道德
　　责任水平差异情况 / 123

本章小结 / 125

## 第六章　提升校园内大学生道德责任水平的教育对策 / 128

一、学校层面：提升制度德性 / 128

二、教师层面：全员参与，促进提升 / 142

本章小结 / 155

**参考文献** / 157

# 第一章

# 道德责任的内涵

伊曼努尔·康德(Immanuel Kant)认为,"有两样东西,人们越是经常持久地对之凝神思索,它们就越是使内心充满常新而日增的惊奇和敬畏:我头上的星空和我心中的道德律"①。星空无限,恢宏无涯。道德永恒,溯源本性。傅维利教授认为,"道德是依靠社会舆论、交往压力以及个体自身认同的价值观念调整人与自然、人与社会以及人与人之间关系的规范体系"②。随着时代发展和社会进步,人们越来越注重生活的精神品质,越来越强调人际交往过程中的道德规范。大学生是促进国家繁荣和民族进步的未来主力军,大学生道德责任水平关乎国家和民族的命运。

## 一、责任

何为责任?

汉斯·伦克(Hans Lenk)认为,责任是某人/为了某事/在某一主管面前/根据某项标准/在某一范围内负责。③ 奥特弗利德·赫费(Otfried Hoffe)认为,责任意味着职责:(1)在某人那里,(2)准备对某事,(3)面对

---

① [德]康德.实践理性批判[M].邓晓芒,译.北京:人民出版社,2003:220.
② 傅维利.道德外烁的时代价值及教育策略[J].教育研究,2017(8):32-42.
③ 甘绍平.应用伦理学前沿问题研究[M].南昌:江西人民出版社,2002:120.

某人,(4)按照某些评判标准的尺度而存在着。① 伦克和赫费对于责任的定义非常相似,均强调了责任的主体、客体、内容和依据。责任的依据标准往往是有很大争议的。律条律令和规章制度等能够相对清晰地划清法律和纪律的责任,但是风俗习惯等却不易划清道德方面的责任。

目前,关于责任的定义主要分为两种观点,一种观点认为责任是指应该去做或者不做某事。例如,程东峰认为责任是行为主体在特定的社会关系中对特定任务的自由确认和自觉服从。②

另一种观点认为责任是指应该承担去做或不做某事的要求,以及承担因为去做或不做某事并产生不好后果从而进行补偿或弥补的要求。例如,张瑞认为责任是作为承担角色的个人或群体,由其自我需要与所承担的人际关系、社会关系、人文关系、人天关系规定的,由法律与道德规范所要求的,对自我、他群、文化、自然等应该自觉实现的合乎规范的行为以及对行为结果的承担。③ 田秀云和白臣认为,责任通常是指与某种特定的社会角色或机构相联系的职责,指分内应做之事或没有做好分内应做之事而应承担的否定性后果。④ 郭金鸿认为,所谓责任,就是指由一个人或一个团体的资格(包括作为人的资格和作为某种角色的资格)所赋予,并从事与此相适应的某些活动、完成某些人物以及承担相应后果的要求,也就是对他人、社会、团体组织的应答,以及做出或没有做出合理回应所应得的赞赏或责罚。⑤ 这种观点认为责任包含着事前责任和事后责任。在采取具体行动(去做或不做)前,对是否应该去做或不去做进行判断,此即事前责任。事后责任是在采取具体行动(应该去做而不做,或不应该做而做)后,对是否承担否定性后果进行判断。由此可见,第二种观点不仅承

---

① [德]奥特弗利德·赫费.作为现代化之代价的道德[M].刘安庆,等,译.上海:上海世纪出版集团,2005:15.
② 程东峰.责任伦理导论[M].北京:人民出版社,2010:27.
③ 张瑞.大学生责任教育新编[M].济南:山东人民出版社,2014:5.
④ 田秀云,白臣.当代社会责任伦理[M].北京:人民出版社,2008:3.
⑤ 郭金鸿.道德责任论[M].北京:人民出版社,2008:41.

认责任的角色观点,也强调了后果责任内容。

本书认可第二种观点,即认为责任是指应该承担去做或不做某事的要求,以及承担因为去做或不做某事并产生不好后果从而进行补偿或弥补的要求。对责任水平的分析和研究也应该兼顾考虑这两个方面。

责任和义务是不是同一概念?两者是否有区别?

弗兰克纳认为,"责任""义务"和"应该做的"这些词语常常可以通用,特别是哲学家所使用。① 弗兰克纳强调在其著作《善的求索——道德哲学导论》中也是如此。

我国心理学家唐钺先生和哲学家苗力田先生分别独立地翻译了康德的著作 Fondement de la Metaphysique des Moeurs[E. Kant,1785],前者译著名称是《道德形而上学探本》,后者译著名称是《道德形而上学原理》。在两本书中,前者使用"义务"一词,后者使用"责任"一词,这似乎体现了心理学家和哲学家对待责任和义务两个词的细微差异。

责任和义务、道德责任与道德义务都有很多的相通性,一般情况下都是可以通用的概念。责任不同于义务的细微差别就在于,前者是基于道德自律的自我主观要求,后者是出于他律的客观必须。② 义务是生活在一定社会中的人时常感受到的对他人、对社会的一种职责、任务和使命,是由一定社会关系的客观要求决定的,对主体的行为具有一定的约束力,义务具有他律性;当义务从他律转为自律时,即把这种外在的客观要求内化为主体的主观道德自觉意识或内在道德理性时,就成了责任。义务偏重于外在的道德理性,责任偏重于道德意识等内在的道德理性。义务肯定是一种责任,但是责任不一定是义务。因为义务属于无偿行为,而责任有时表现为无偿行为,有时表现为无报酬的无偿行为。③ 例如,在公交车上

---

① [美]威廉·K.弗兰克纳.善的求索——道德哲学导论[M].黄伟合,包连宗,马莉,译.沈阳:辽宁人民出版社,1987:10.
② 陈东利.论慈善意识的本质特征[J].学术界,2016(7):66-77.
③ 张瑞.大学生责任教育新编[M].济南:山东人民出版社,2014:16.

给孕妇让座是一般乘客的义务和责任。社会理性群体希望一般乘客能够照顾孕妇这一需要照顾的特殊群体,给孕妇让座成为一般乘客应当履行的义务,如果拒不履行这项义务,社会舆论将给予谴责。此外,社会理性群体也希望一般乘客能够从内心深处理解和关心公交车上的孕妇,主动、自觉地给孕妇让座,把外在的、强制的义务转化为内在的、自觉的责任。有些乘客虽然给孕妇让座,但仅仅是担心或迫于社会舆论压力,此时的让座行为是义务的结果。有些乘客给孕妇让座,更多的是个人的自愿行为,此时的让座行为更多的是责任的结果,当然也有部分义务的结果。

基于上述分析及本书预研究的内容,本书对责任和义务这两个概念的使用不加以区分。

## 二、超义务行为

从 20 世纪中叶至今,超义务行为是一个被激烈争论的概念。在伦理理论和道义逻辑中,超义务行为一直是一个边缘性的概念。超义务行为通俗称谓是"好但不要求""超出职责范围""值得称赞但不是强制性的"以及"做得好但可以不做",经常被引用的例子是士兵英勇牺牲(注:手榴弹练习中,当危险出现时,士兵挺身而出,牺牲自我,解救群体)和医生慷慨慈善(注:某地遭受严重瘟疫,医生冒着巨大风险加入医疗队伍中),超义务行为也指向宽恕和轻微的恩惠等并非需要做出很大自我利益损失的仁慈行为。

超义务行为(Supererogation)源自 16 世纪 20 年代天主教神学里的拉丁语 supererogatio,意思是超过义务要求的行为(performance of more than duty requires),比如额外的支付或行动。supererogatio 的构成方式是拉丁词 super(与 above,over 意思相同)+erogare(与 pay out 意思相同),erogare 是由 ex(与 out 意思相同)+rogare(与 ask,request 意思相同,与 rogation 同义)构成。超义务行为是罗马天主教教义中的一个传统主题,由托马斯·阿奎那(Thomas Aquinas)最早提出,其目的是区分普遍的戒律和针对那些有能力和倾向于完美生活的人的忠告。

# 第一章 道德责任的内涵

阿尔弗雷·德阿彻（Alfred Archer,2014 年）引用拉比诺维奇（Rabinowicz,2000 年）的观点,认为科塔宾斯基（Kotarbinski）1914 年首次使用超义务行为的现代释义,科塔宾斯基在一个简短的注释里提出了一个观点"功利主义无法容纳超义务行为"（Utilitatarianism is unable to accommodate the supererogatory）。

詹姆斯·厄姆森（James Urmson）于 1958 年发表《圣徒与英雄》(Saints and Heroes),该论文开启了西方哲学关于超义务行为的讨论,这个讨论持续至今。传统哲学把行为分成义务的行为、不允许的行为和无关紧要的行为,詹姆斯·厄姆森（1958 年）认为士兵英勇牺牲和医生慷慨慈善的例子表明,上述对行为的三分法不足以解释道德英雄主义和仁慈行为,从此将超义务行为的概念重新引入道德哲学辩论。

英国爱丁堡大学（The University of Edinburgh）哲学博士阿尔弗雷·德阿彻（Alfred Archer）的博士论文《超越责任:对超义务行为的审查与辩护》(Beyond Duty: An Examination and Defence of Supererogation)是超义务行为研究的集大成者。阿尔弗雷·德阿彻在博士论文里研究了行为超义务性质以及超义务行为存在的道德哲学意义。

传统的道德理论通常将行为分为三个相互排斥和详尽的类别:第一种行为属于义务,实现具有积极道德评价的理想,被认为是强制性的;第二种行为是不被允许的,以道德为标准,是被禁止的;第三种行为是被允许的,实施后没有积极或消极的道德评价,其实施是可选的。从詹姆斯·厄姆森（1958 年）到阿尔弗雷·德阿彻（2014 年）,绝大多数学者都认为应该进一步扩大行为类别范围,把行为划分为四类,包括强制性、禁止性、无关紧要性和超义务性的行为。

罗德里克·奇斯霍尔姆（Roderick Chisholm,1963 年）将超义务行为定义为"一件好事,不是必做的,但也可以做"。M. W. 杰克逊（M. W. Jackson,1986 年）将超义务行为定义为"当且仅当:它既不是强制性的,也不是禁止的"。大卫·海德（David Heyd,1982 年）将超义务行为定义为

"它既不是强制性的,也不是禁止的。它的遗漏没有错,它不值得批准或批评——无论是正式的还是非正式的。它在道德上是好的,无论是由于其(预期的)后果还是凭借其内在价值。这是为了别人的利益而自愿完成的,因此是有价值的"。大卫·海德(1982年)强调,为了使行为被视为超义务行为,执行该行为的行为人必须具有利他意图。阿尔弗雷·德阿彻(2014年)将大卫·海德定义的这个特征称为利他意图要求(Altruistic Intention Requirement,AIR)。大卫·海德认为,道德功绩是超义务行为的基本特征。我们可能会认为,如果行为是有价值的,那么只有在出于正当理由执行时才会值得称赞。如果情境的适当特征促使代理人执行该行为,则该行为将是值得称道的。阿尔弗雷·德阿彻反对大卫·海德的超义务行为的意向性特征。一个行为可以被执行有不同的动机,是同一个行为,但不能说是意图。处于相同情况但以不同意图行事的代理人将执行不同的行为。由于超义务行为是一种行为评估,这使我们有充分的理由认为它是必要的优点和意图,而不是值得称赞和动机。克莱尔·本(Claire Benn,2019年)认为,应该用道德意图要求取代海德的利他意图要求。

阿尔弗雷·德阿彻(2014年)在其博士论文里给出了一个超义务行为的颇具数学意味的精确化定义。他认为,以下的行为都属于超义务行为的范畴:一个行为 $\varphi$ 对一个能动者 A 来说是超义务行为,当且仅当,在时间 t,优于要求 A 的最小道德值且没有其他义务禁止 A 或是低于要求 A 的最小道德值。(An act, $\varphi$, is supererogatory for an agent A, at time t, if and only if $\varphi$-ing is better than the minimum that morality demands of A at t and there is no other obligation that forbids A from $\varphi$-ing or for which $\varphi$-ing is the minimum that morality demands of A.)

什洛莫·科恩(Shlomo Cohen,2015年)认为能动者只有两种道德行为的可能性,一种特别值得称赞,另一种是应受谴责的。他描述了这样的场景,并认为其中的道德行为表现出一套独特的参数。这组参数不同于描述道德义务或超义务行为的参数。他认为,这一新类别允许对道德行为进行更准确的分类,而不是由义务与超义务的二分法所强加的分类。

关于超义务行为内容的辩论集中在超义务行为的逻辑可能性和价值以及它们与"标准道德"的关系上。大多数道德理论都存在两种伦理思想层次,这些理论主要涉及价值论和道义论。然而,超义务行为的特征在于它恰好处于两种观点的交叉点,因此处于"善"与"应该"之间的交叉点。

帕特里夏·M.麦戈德里克(Patricia M. McGoldrick,1984年)认为,道德赞美不是分配给行为本身,而是分配给产生它们的态度。因此,当我们赞美圣人或英雄时,我们不会承诺说我们应该做所有类似的行为。我们只承诺这样一种观点,即所有人都应该以拥有或灌输自己的倾向和习惯性的美德为目标,这些美德会产生并为这种行为提供主要动力。不是每个人都可以舍生取义,如果他们这样做,那将会有点自我挫败。但每个人都可以发展导致这种行为的道德倾向。

米勒德·舒马克(Millard Schumake,1972年)认为,在道德上无动于衷和超义务行为代价也是难以区分的,需要吸取的教训是:道德必须区分道德上无关紧要和超义务,必须具有比许可和要求更广泛的范围,其中任何一个概念都可以用另一个来定义。因此,道义逻辑的问题在于:它的创造者将其分配的范围太广。他们假设没有真正的保证,这是道德的逻辑,因此错误地得出结论,任何既不需要也不禁止的东西在道德上都是漠不关心的。但道义逻辑不是道德的逻辑,相反,它是权利和义务的逻辑,是正确行为的逻辑,所以,只有在权利和义务方面,并不显示既不要求也不禁止,它对道德本身并不一定无动于衷。因此,超义务行为的事实表明,道德比正确行为更重要;而这个事实很重要,因为它阻止我们试图在道德上无关紧要和超义务行为主义之间划分出道义上的区别。

国内学者对超义务行为的研究虽然较少,但是每项研究都有学术创新点,具有典型的学术代表性。

叶蓬和江雪莲(1995年)将超义务行为分为直接的超义务行为和间

接的超义务行为。直接的超义务行为指向具体明确的受助或受惠的个体,行为实施后能够获得直接的反馈。间接的超义务行为指向群体,行为实施后往往不会得到直接的反馈。真正的道德义务行为总是和超义务行为相联系,而不是和超义务行为相隔离的,两者之间或多或少有共通之处。① 已检索文献中,叶蓬和江雪莲(1995年)的文章是国内最早研究超义务行为的,首次对超义务行为的类别进行二分法。然而,该文直到22年后才引发国内其他学者的关注。

林建武(2012年)批评了康德和功利主义者对超义务行为的解释,认为义务论和古典功利主义在解释超义务行为时都没有正确处理两个重要特性。首先,超义务行为是一种善行,不适合义务的道德框架,不能简单地使用义务的标准对超义务行为进行评价。其次,牺牲乃是个人的选择,是个人主动性和能动性的产物,不属于社会属性,从而就不能上升为社会规范。②

郭淑豪和程亮(2017年)明显地受到前面两项研究的启发,将道德划分为义务和超义务两个层次,认为"义务与超义务"比"底线与高标"的边界更为清晰,而且具有连续性与选择的张力。③

田春燕(2018年)认为,道德干预行为是指对不道德行为的干预,是道德行为的一种。④ 从建设和谐社会的角度而言,如果面对不道德行为,社会个体能够勇敢地站出来批评指正,则有助于弘扬社会正能量,促进社会和谐发展。通过追溯预期内疚的来源,可以找出两条可能的影响路径。一条路径是,人际亲密度影响道德责任感,从而影响道德干预强度。另一条路径是,内化道德认同影响道德责任感,再影响道德干预强度。⑤

---

① 叶蓬,江雪莲.义务行为和超义务行为问题新探[J].现代哲学,1995(3):87-90.
② 林建武.道德哲学中超义务行为的可能性——以慈善为例[A].天津市社会科学界联合会编.科学发展·惠及民生——天津市社会科学界第八届学术年会优秀论文集(上)[C].天津:天津人民出版社,2012:159-164.
③ 郭淑豪,程亮.从义务的道德到超义务的道德——重审学校德育的层次性[J].中国教育学刊,2017(2):89-94.
④ 田春燕.不同道德情境中道德干预倾向的影响因素研究[D].上海:上海师范大学,2018:3.
⑤ 田春燕.不同道德情境中道德干预倾向的影响因素研究[D].上海:上海师范大学,2018:26.

傅维利教授首次提出"道德外烁"的概念。道德外烁是相对道德自律而言的,如果说道德自律是个体用其认同的道德规范约束自身的行为,那么道德外烁就是个体将其认同的道德规范以语言或行动的方式表达出来,支持符合道德规范的人和事,规劝、制止或谴责违反道德规范的人和事。[①] 在现实生活中,绝大多数道德违规者都能通过违反道德而获益,若没有道德外烁力量的干预,道德违规者将继续违规获利,这就会感染其他人跟随和效仿违规行为。由此可见,在当前社会发展和时代背景下,道德外烁是现代社会维系主流道德权威的强大力量。特别地,从道德自律走向道德外烁,理想道德人实现了第二次道德升华。傅维利教授提出了支撑一个人道德外烁行为现实发生并获得成功的四个基本要素,评价一个人外烁水平的四个基本维度,学校推进学生道德外烁力发展的基本教育策略。显然,道德干预行为就是道德外烁行为,属于超义务行为。超义务行为不仅包括在义务要求之外帮助他人,增益他人的合法权益,还包括制止他人侵犯别人的合法权益。道德外烁行为即是后者。

## 三、道德责任

国外关于道德责任内涵的研究主要分为目的论和结果论两大流派。目的论又称道义主义,结果论又称后果主义。洛克、卢梭、康德和罗尔斯等社会契约论学派秉持了目的论道德责任观。休谟、亚当·斯密、边沁、穆勒和穆尔等功利主义学者秉持的是结果论道德责任观。在道德责任的两大主流学派之外,还存在其他非常有影响力的学说,例如弗兰克纳的混合义务论就是整合目的论和结果论核心思想的结果。下面,简要介绍上述学说的核心思想。

虽然穆尔把穆勒等人称为快乐主义者,对他们善的理论学说提出了深刻批评,但是,正如穆尔所反复强调的,"我同他们争论的,并不是关于

---

[①] 傅维利.道德外烁的时代价值及教育策略[J].教育研究,2017(8):32-41.

他们的大多数实际结论,而仅仅是关于他们似乎认为足以证明其结论的那些理由"①。穆尔的义务观与穆勒基本一致,也代表了结果论道德责任观。穆尔认为,断言"我在道德上理应采取这行为"跟断言"这行为会产生可能最大总量的人类善"是同一的。当我们断言某行为是我们的绝对义务时,我们就正在断言:在那时采取该行为,在价值上是无与伦比的。②后果主义者把道德责任规定为:比任何其他可能的选择都会在人类中产生更多的善之行为。而"正当的"行为,或者"道德上许可的"行为与此不同之处仅仅在于:它是比任何其他可能的选择都不会引起较少的善之行为。③ 因此,当伦理学大胆断言某些行动方式是"义务"时,它无非大胆断言:按照那些方式来行动,总是会产生最大可能的总善。如果行为结果的善的综合最多,那么这个行为就是具有义务性质的行为,否则,就不是具有义务性质的行为。行为的对错,与它们增进幸福或造成不幸的倾向成正比。④ 穆勒强调,这里的幸福不是行为者本人的幸福,而是所有相关人员的幸福。特别是,行为者在他自己的幸福与他人的幸福之间,应当像一个公正无私的仁慈的旁观者那样,做到严格的不偏不倚。⑤ 总之,善行原则是功利主义学派道德责任的唯一原则。

康德强调,如若责任是一个概念,具有内容,并且对我们的行动实际上起着立法作用,那么,这种作用就只能是定言命令,而不能用假言命令来表示。⑥ 称为道德责任的内容不能受人际关系和彼此利益的影响,而应该完全受客观道德规律的约束。道德的第一个命题是:只有处于责任的行为才具有道德价值。第二个命题是:一个出于责任的行为,其道德价值不取决于它所要实现的意图,而取决于它所被规定的准则。从而,它不依

---

① [英]穆尔.伦理学原理[M].长河,译.上海:商务印书馆,1983:69.
② [英]穆尔.伦理学原理[M].长河,译.上海:商务印书馆,1983:156.
③ [英]穆尔.伦理学原理[M].长河,译.上海:商务印书馆,1983:157.
④ [英]约翰·穆勒.功利主义[M].徐大建,译.上海:上海人民出版社,2008:7.
⑤ [英]约翰·穆勒.功利主义[M].徐大建,译.上海:上海人民出版社,2008:17.
⑥ [德]康德.道德形而上学原理[M].苗力田,译.上海:上海人民出版社,2005:43-44.

赖于行为对象的实现,而依赖于行为所遵循的意愿原则,与任何欲望对象无关。第三个命题,作为以上两个命题的结论,我将这样表述:责任就是由于尊重规律而产生的行为必要性。① 道德责任确定的依据是行为目的是否具有普遍性的价值,是否能够推己及人具有普遍性。社会契约论学者评判道德责任的依据始终围绕着行为的目的,通过目的确定行为是否属于道德责任。

弗兰克纳综合了功利主义学派和道义主义学派的两个核心且冲突的思想,提出了混合义务论思想。弗兰克纳认为,一种行为成为道德责任,应该满足两条原则:功利原则和某种公正原则。这样所形成的理论将是一种道义论,但它远比大多数道义论更接近功利主义,我们可以称它为混合的义务论。② 道德责任是指我们应该采取的行为或遵循的行为习惯或规则,应该是有益的事,防止或避免做有害的事,并且将会或很可能会实现人类善超过恶的最大可能余额。③ 弗兰克纳的混合义务论努力调节道德责任的目的论和结果论核心观点的冲突,兼顾两派的核心观点,走一条适中的道路。

我国学者主要是从角色角度给出责任和道德责任的定义,属于角色责任观和角色道德责任观。程东峰(2010年)认为,责任是行为主体在特定的社会关系中对特定任务的自由确认和自觉服从。只有被行为主体自由确认、自觉服从、自觉自愿去完成的任务才是责任。④ 这与张瑞(2014年)⑤、田秀云和白臣(2008年)⑥、郭金鸿(2008年)⑦等人给出的责任定义

---

① [德]康德.道德形而上学原理[M].苗力田,译.上海:上海人民出版社,2005:16.
② [美]威廉·K.弗兰克纳.善的求索——道德哲学导论[M].黄伟合,包连宗,马莉,译.沈阳:辽宁人民出版社,1987:93.
③ [美]威廉·K.弗兰克纳.善的求索——道德哲学导论[M].黄伟合,包连宗,马莉,译.沈阳:辽宁人民出版社,1987:96-97.
④ 程东峰.责任伦理导论[M].北京:人民出版社,2010:26-28.
⑤ 张瑞.大学生责任教育新编[M].济南:山东人民出版社,2014:5.
⑥ 田秀云,白臣.当代社会责任伦理[M].北京:人民出版社,2008:3.
⑦ 郭金鸿.道德责任论[M].北京:人民出版社,2008:41.

基本一致。责任是角色的连带物,无角色就无责任,有角色就有责任。角色是行为主体在特定的时空所处社会关系确立的表征,这种确立和表征是由人为法、习惯法和自然法所确认的。由此可见,角色的来源主要包括人为规定、习惯俗成和自然之律。角色一旦确定,那么相应承担的责任也即确立。

在角色责任观基础上,一些学者给出了角色道德责任观。章建敏(2010年)认为,道德责任是人们在社会中由于承担特定社会角色而具有和角色身份相符合的道德规定和要求,是人们对自己从事的活动与他人及社会之间发生客观伦理关系的一种自觉认识,从而自觉地从道德意义上担负起对他人及社会的责任。①

概括而言,道德责任主要分为三种观点:

第一种观点认为道德责任就是从道德角度来说应该去做或者不做某事的要求。田秀云和白臣认为,道德责任是指道德主体基于人的本质,由一定的社会关系规定的应当履行的自觉责任和道德义务,它侧重道义责任。道德责任的形成有赖于主体意志对外在的客观要求的主观认同,即对道德应当的责任自觉,道德责任具有个体性、内在性、主观性、应然性和自觉性。② 罗国杰认为,从马克思主义伦理学的理论视角出发,道德义务的根源在于社会经济关系,在于社会物质生活条件。道德义务既表明个人对社会和对他人承担的责任,也表明社会和他人对个人行为的要求。人们都是处在一定的社会关系中,不管他们的主观愿望如何,都必须能够担负一定的使命、职责和任务,而对使命、职责和任务的体验,就是人们的义务或道德责任。③ 宋希仁等认为,道德责任是人们对自己行为的善或恶、是或非所应承担的责任。④ 丁文敏认为,道德责任本质上是对外在的

---

① 章建敏.道德责任的界定及其实现条件[J].当代世界与社会主义,2010(2):165-168.
② 田秀云,白臣.当代社会责任伦理[M].北京:人民出版社,2008:3.
③ 罗国杰.伦理学名词解释[M].北京:人民出版社,1984:69-70.
④ 宋希仁,等.伦理学大辞典[M].长春:吉林人民出版社,1989:1048.

## 第一章 道德责任的内涵

道德义务的内心认同,它是人们主动意识到的义务,具有良心的成分。道德义务与道德责任,是同一种道德、命令在人之外和在人之内的两种表现形式。① 何怀宏认为,道德义务与其说告诉我们要去做什么,不如说更多的是告诉我们不去做什么,它也并不意味着我们做什么事都想着义务、规则、约束,而是意味着我们做什么事,总是有个界限不能越过。我们做一件事的方式和达到一个目的的手段总不能全无限制,而是有所限制,我们总得有所不为而不能为所欲为。② 上述学者秉持着事前的道德责任观点,强调的是采取具体行动之前,从道德角度进行去做或不做的判断。

第二种观点认为道德责任是指从道德角度来说应该承担因为去做或不做某事并产生不好后果从而进行补偿或弥补的要求。赵文静认为,所谓道德责任,就是个体在道义上对自己选择的行为后果的善恶的承担,其根本特征蕴含在"应当"中。道德责任的核心则是对行为后果的承担。③ 亚里士多德(Aristotle)认为,只有在下述情形中,一个人对其行为才负有责任:(1)行为的原因对他是内在的,即他并不是受外在的某人或某事的强迫而行动;(2)他做这件事虽然可能由于无知,但这种无知本身是他自己先前有意造成的结果。上述学者秉持着事后的道德责任观点,强调的是采取具体行动之后,从道德角度对是否承担否定性后果的判断。

第三种观点认为道德责任是指从道德角度来说应该承担去做或不做某事的要求,以及承担因为去做或不做某事并产生不好后果从而进行补偿或弥补的要求。朱贻庭认为,道德责任是人们对自己行为过失及其不良后果在道义上所承担的责任。④ 郭金鸿认为,所谓道德责任就是指具有自由能力和认知能力的责任行为主体(包括个体、团体与国家)基于一定的道德认识和道德价值,以社会客观道德价值作为评价标准,履行(包括

---

① 丁文敏.大学生责任教育概论[M].济南:山东人民出版社,2012:117.
② 何怀宏.伦理学是什么[M].北京:北京大学出版社,2008:147.
③ 赵文静.道德责任教育之合理性论证[J].教育探索,2005(7):85-87.
④ 朱贻庭.伦理学大辞典[M].上海:上海辞书出版社,2002:36.

非自觉自愿和自觉自愿两种态度)一定社会赋予其上的对他人、社会、自然的责任,对于自我行为或由其控制的行为所导致或可能导致的有利于或有害于他人和社会的行为后果承担相应的责任,以及自觉自愿履行责任所形成的良好道德品质。① 上述学者秉持着事前和事后的道德责任观点,综合了第一种和第二种道德责任观点。

金生鈜教授指出,规范是指导人类行动的关键因素,规范的表述是"应该或不应该",指明行动的"应然",表现为指导或规导行动的力量。② 道德是一种社会意识形态,是系统化的规范体系。社会主义核心价值观是道德规范体系构建的根本导向,是中国公民道德责任的基本来源。在社会主义核心价值观的引领下,为了适应新的社会历史条件,道德规范体系也必定要做出相应的调整,应以"人道主义"和"集体主义"为根本原则,以"发展、公正、共享、和谐"为核心观念,以"爱国、敬业、诚信、友善"为基本规范,以"职业道德、社会公德、家庭美德、个人品德"为特殊道德要求。③ 道德责任即由上述道德规范体系所唯一确定下来。

本书认为,道德责任是指根据社会主义核心价值观建立的道德规范,个体应该承担去做或不做某事的要求,以及因为去做应该不去做的某事(或者不做应该去做的某事)并产生不好后果从而接受惩罚或给予补偿的要求。前者称为事前道德责任,后者称为事后道德责任。但是为了研究需要,本书使用的道德责任实质是事前道德责任,未含事后道德责任。

布鲁斯·N.沃勒(Bruce N. Waller)于2011年和2014年发表两部著作质疑道德责任本体存在的合法性,分别是《反对道德责任》(*Against Moral Responsibility*)和《道德责任的顽固制度》(*The Stubborn System of Moral Responsibility*)。

布鲁斯·N.沃勒认为,道德责任是关于一个人对其道德错误和失败

---

① 郭金鸿.道德责任论[M].北京:人民出版社,2008:52.
② 金生鈜.教育研究如何回答规范性问题[J].现代教育论丛,2016(6):5-8.
③ 李建华.社会主义核心价值观与道德规范体系之关系[J].道德与文明,2017(2):13-18.

负有公正责任所必须满足的条件。价值观（和道德义务）是主观的还是客观的问题不是语言学或概念分析的问题，而是本体论的问题。出版《道德责任的顽固制度》的目的是提出对道德责任信仰合法性的质疑。布鲁斯·N.沃勒试图回答道德责任怀疑者和道德责任信徒都应该感兴趣的问题：为什么对个人道德责任的信念如此强烈？很明显，哲学家给普通大众强烈的道德责任承诺，相比之下，论据却不是那么充分。那么，究竟道德责任制如此强大和富有弹性的其他因素是什么呢？对这些哲学因素的考察涉及生物学、心理学、犯罪学、社会学和经济学。对道德责任的信仰不是一种孤立的信仰，它是一种深深植根于更大的信仰体系的信念，怀疑或拒绝道德责任将涉及各种重要信念和价值观的重大调整。因此，检验道德责任信念的力度将涉及对其与其他信仰的关系的深入探究，以及对道德责任功能（及其繁荣的体系）系统的审查。

我们经常听到这样的劝诫，即遵守道德责任会有这样的好处：对道德责任的承诺促进并最大化个人成功的机会。布鲁斯·N.沃勒认为，无论提出这些忠告的哲学家或思想家的权威和地位如何，他们劝诫的内容在经验上都是错误的。遵守道德责任会有上述好处，这是一个普遍的神话，也是一个有害的神话。

布鲁斯·N.沃勒转引了索尔·斯米兰斯基（Saul Smilansky）和丹尼特（Dennett）两人的观点。前者认为，因为我们离不开惩罚，所以我们离不开道德责任。后者提出一个更强烈的主张，即惩罚的必要性使履行道德责任的案例快速地减少。布鲁斯·N.沃勒进而指出，在一个公正的世界里，不需要监狱，但是道德责任的否定是迈向公正世界的关键一步。这是一种经验的，而不是逻辑的关系：强调道德责任的文化往往是不平等的、专制的、不那么友善的，并且极具惩罚性。审视对道德责任的深刻信仰的文化背景并没有表明对道德责任的信仰是错误的，但它确实表明了这种信念是如何通过更大的文化框架固定到位的，并且所谓的道德责任的积极文化影响是虚假的。

布鲁斯·N.沃勒明确指出，道德责任制度的顽固性和不妥协性很容易被视为该制度合法性的基础。道德责任信仰的深层固定性是通过除了存在相信道德责任的充分理由之外的其他因素来解释的。布鲁斯·N.沃勒在《道德责任的顽固制度》的结尾写道："道德责任制是固执的，但它并不固执，因为它是合理的；相反，这似乎是合理的，因为它很顽固。"

道德责任语言陈述方式问题的研究中较为成熟的是关于道义陈述方式的研究。选取两个具有代表性的研究做以简单介绍。

本特·汉森(Bengt Hansson)认为，道义陈述不仅仅是一种命令，道义陈述是描述性的，它们根据一些(不确定的)规范或道德或法律理论体系分别描述了必须、禁止和允许的内容，例如，"P"应该是"X 允许……"。因此，后面将讨论的道义公理不具有逻辑真理的地位，但它表达了所使用的规范系统的属性。这清楚地表明道义逻辑是元伦理的工具，而非只是道德的一部分。解释可以补充提及规范所针对的人或类别。

简·布尔森(Jan Broersen)认为，动态道义逻辑减少了显式复杂动作的规范性断言与复杂动作之间关系的标准动态逻辑断言和违规条件。

柯尔伯格认为，道德是以正义概念为中心的，个体的道德认知发展从低到高分成三个水平六个阶段：最低水平是前习俗水平，包括他律道德阶段，个人主义、实用目的与交易阶段；中间水平是习俗水平，包括双边的人际期望、人际关系及人际顺从阶段，社会系统和良心阶段；最高水平是后习俗水平，包括社会契约或社会功利和个人权力阶段，普遍性伦理学原则阶段。初级水平的道德推理以个人欲望为中心，中间阶段以社会规范为基础，而较高阶段则侧重于普遍的道德原则。对道德两难问题的道义判断和责任判断是判别个人认知发展处于何种水平何个阶段的标准。

柯尔伯格认为，责任判断是正义和公正的道义判断通往道德行为的桥梁。[①] 他把道义判断、责任判断和道德行为看作一种具有普遍意义的行

---

① [美]L.柯尔伯格.道德教育的哲学[M].魏贤超,柯森,等,译.杭州:浙江教育出版社,2000:166.

为结构。道义判断是指充分考虑他人的个人需要和幸福的判断。这种判断认为,关心他人幸福似乎就是关心他人的权利和要求,或者说,这种判断只关心不破坏他人的幸福。道义判断一般是基于正义、公平、公正、平等的视角,作为一个普通人如何采取行动的判断。责任判断指充分考虑满足他人需要的判断。这种判断并不以他人的权利和要求为基础,或者说,这种判断关心增加他或她的幸福,而不仅仅是防止破坏他人幸福。责任判断一般是关涉自我是否采取行动的判断。道义判断、责任判断和道德行为的一致性体现了理性人的行为结构。如果责任倾向或判断的发展阶段与道义判断的发展阶段存在不一致,那肯定是前者落后于后者。① 柯尔伯格进一步解释说,正义的道德判断一般包含在责任判断之中,但责任判断在许多方面要超越道义判断。②

吉利根(1982年)认为,在道德决策中,关心和责任更为重要,至少对女性而言是如此。而柯尔伯格则不认同这个观点。吉利根(1982年)的观点得到了一些学者研究的确认。与此同时,有些研究结论不支持吉利根对男女道德判断之间差异的断言。

吉布斯(Gibbs)等人(2007年)重新审视了柯尔伯格的认知发展主张,研究结果表明,道德判断阶段、社会观点采取的促进过程和道德价值观具有跨文化性质,不同文化中的个体道德认知发展都符合柯尔伯格的研究结论。

杜菲·吉安·威尔斯(Duffy Jean Austin Wilks,1995年)也认为,随着自我同一性的发展,道德认同有可能获得更大的自我重要性,成为道德行为的主要动机。道德判断(判断行为或事件是否正确)并不能自动引发道德行为,责任判断是联结道德判断和道德行为的必要环节,即只有人们认为自己负有不可推卸的道德责任时,道德行为才最有可能被选择。道德认同是形成责任判断的基础,也就是说,德行对于一个人的自我认同非常重要。

---

① [美]L.柯尔伯格.道德教育的哲学[M].魏贤超,柯森,等,译.杭州:浙江教育出版社,2000:172.
② [美]L.柯尔伯格.道德教育的哲学[M].魏贤超,柯森,等,译.杭州:浙江教育出版社,2000:166.

杰森·M. 斯蒂芬(Jason M. Stephens,2018年)研究数据结果表明,自我调节即责任判断在道义判断和道德行为的关系中发挥了重要的中介作用,道义判断也通过道德动机间接影响责任判断。道义判断很重要,但只是道德行为实现条件之一,道德动机和责任判断在帮助填补道义判断和道德行为之间的鸿沟方面起着至关重要的中介作用。

道德的许多主要理论都集中在道德推理方面。例如,柯尔伯格(1969年)的道德认知发展理论认为,道德原则当被理解时能激励道德行为。柯尔伯格假设道德推理能力成熟,个人变得更倾向于使用道德原则来对道德情境进行判断。随着道德推理的发展,道德原则及其普遍性和规范性变得更加突出,导致个人感到更加强迫使自己的行为与他们的道德判断相一致。道义判断和责任判断是衡量道德责任认知水平的两个核心指标。根据检索到的英文文献资料,学者们研究大学生道义判断和责任判断的方法主要有以下三种:

一是柯尔伯格于20世纪60年代开发的测量道德判断发展的半结构化访谈法。半结构化访谈方法将一些结构化问题与一些非结构化探索相结合。例如,有的学者使用道德两难问题对559名美国大学生道德动机的自我决定理论和动态系统的观点进行验证。

二是莱斯特(James Rest)于20世纪70年代开发的纸笔测验——确定性问题测验(Defining Issues Test,简称DIT)。DIT的一个特点是能够识别那些随机检查他们答案的人,或者对他们的问卷无用的测试指令有这种误解的人。1999年开发出新版本DIT-2,扩展了一些指标,细化了效度策略,更接近于图式理论的某些方面的基础理论。例如,有的学者使用确定性问题测试(DIT)对突尼斯一所高校的会计专业学生进行道德推理水平测试,基于柯尔伯格道德认知发展理论,分别对道德干预前和干预后进行测试,并与对照组进行比较。也有学者使用DIT-2对美国4193名大学生道德推理发展进行评价。DIT提供了广泛判断的估计和概括,而不是关注特定情境的人。

三是林德(Georg Lind)于1976年提出道德判断测验(Moral Judgment Test,简称MJT)并不断改进,2013年将其更名为道德能力测试(Moral Competence Test,简称MCT)。林德认为新版本的测量工具更加关注测量对象的道德能力,并能够衡量道德取向,但是它不测量铰接的道德原则和道德推理。例如,有的学者使用测验工具MJT对巴西和葡萄牙两所医学院的大一和大四学生进行道德判断能力测试。林德(2015年)对3102名德国大学生道德判断能力进行测试,观察500个实验样本和2602个对照样本在教育干预前后的道德判断能力变化情况。也有学者(2016年)研究了医学学生道德能力在使用困境讨论法的生命伦理学课程后是否产生了变化,使用的也是测量工具MCT。

一些学者结合以上研究方法进行研究。例如,有些学者的调查问卷上下两部分分别采用莱斯特DIT问题模式和柯尔伯格半结构化访谈法,对马来西亚国民大学社会科学与人文学院32名高年级学生进行研究。

也有学者结合使用以上研究方法和其他研究方法。例如,使用确定问题测验第2版(DIT-2)和自恋人格问卷(NPI)对美国北达科他州和明尼苏达州的七所公立和六所私立大学的269名主修商业的学生进行研究;使用确定性问题测试2(DIT-2)和施瓦兹(Schwartz)的个人价值观问卷(SVQ),调查样本为163名商业专业学生。

国内学者对道德认知发展研究方法应用的研究主要遵从了两条路径。路径之一,使用确定问题测验(DIT-2)和道德判断测验工具(MJT)对大学生道德判断能力进行测量,从而推断出大学生道德认知发展水平及影响因素。

杨韶刚和吴慧红(2008年)使用林德的道德判断测验工具(MJT),对中国148名初中学生、192名高中学生和384名大学生进行测试。

张倩和杨韶刚(2018年)以DIT-2为测量工具,将811名广东大学生作为受试者进行了研究。结果显示:当代大学生道德判断能力发展在个体利益和后习俗图式上得分高,在维持规范图式上得分低,呈现出功利与超越并存的特征;性别、专业、学生干部经历对大学生道德判断能力有显著影响;教育程度、学业成绩、独生子女对大学生道德判断能力无显著影响。[①]

王云强、郭本禹和吴慧红(2007年)采用道德判断测验(MJT),以300名大学生为被试对象,考察了情绪状态对大学生道德判断能力的影响。结果发现:大学生道德判断能力的年级差异显著;情绪状态对大学生道德判断能力具有显著影响,快乐状态下的道德判断能力高于悲伤状态,这与国外的研究结论正好相反;道德判断任务的自我相关性对大学生道德判断能力的影响不显著。[②]

吴慧红(2005年)、张宝菁(2010年)和钱昭臣(2018年)等硕士学位论文中都是采用道德判断测验(MJT)对大学生道德发展水平进行评估。

路径之二,自编调查问卷,调查大学生道德责任水平。学位论文方面,检索结果显示有近10年共计有20篇硕士学位论文和1篇博士学位论文,其中只有3篇硕士学位论文(赵婷婷,2009年;陈雪,2012年;陶鹏,2013年)和1篇博士学位论文(李尽辉,2007年)使用了调查问卷或访谈方法进行研究。著作方面,国内实证方面的一个典型代表是魏进平、魏娜和张剑军(2015年)的研究,以大学生社会责任感调查为主,维度划分为政治、生命、学习、学校和网络五个方面的责任认知、责任认同和责任行动,调查样本覆盖全国54所不同地区不同层次高校的共计5 000多名学生。

## 四、校园内大学生道德责任

一般地,大学生是指接受高等院校教育,没有毕业的普通全日制和非

---

[①] 张倩,杨韶刚.确定问题测验与当代大学生道德判断能力现状调查[J].广东外语外贸大学学报,2018(2):130-137.

[②] 王云强,郭本禹,吴慧红.情绪状态对大学生道德判断能力的影响[J].心理科学,2007(6):1324-1327.

全日制在校学生,主要包括攻读专科、本科、硕士和博士等学位的学生,不包括自考生和非统招生。四年制本科全日制学生是接受高等教育的主体,这部分群体的行为是目前学术研究和社会舆论的主要关注对象。与中小学生相比,大学生心智成熟水平较高,道义判断和责任判断的认知程度较高,道德行为不再是基于模仿和跟随,而主要是个体理性判断和自由选择的结果。针对大学生的道义判断、责任判断和道德行为的研究,将有助于提升社会理性精神的相关研究。因此,在本研究中,大学生限定为四年制本科全日制学生。

  一般而言,校园是一个物理性概念,是由有形围墙或栅栏等围成的物理空间。虽然个别大学去除了围墙和栅栏等物理性屏障,但是从土地产权的角度而言,校园也有其物理性的空间和边界。大学生的活动空间不局限于校园,特别是很多大学校园与周边社区甚至所在城市的融合性较高,大学生的活动空间更加广泛。但是,校园里的学习和生活永远是大学生学习和生活的主体和核心。此外,校园里的学习和生活也可以在微信等网络空间,虽然网络空间突破了校园物理空间,但是只要处于校园物理性空间里,大学生在网络空间的活动是围绕校园里的人和事,本研究仍然认为它属于校园的范畴。简言之,在本研究中,校园是一个宽泛的概念,既包括物理性空间,也包括物理性空间之内形成的虚拟网络空间。

  在四年的大学学习和生活里,大学生主要是和校园里的教师、同学和职工之间进行互动,与这三类人群的道德交往状态可以基本反映大学生的道德责任状态。出于研究的复杂性和可行性等因素的考量,本研究中,道德责任主要集中于应该承担去做或不做某事的事前道德责任,没有涉及因为去做或不做某事并产生不好后果从而接受惩罚或给予补偿的事后道德责任。道德责任的客体包括自我、他人、社会和自然等。在本书中,道德责任的客体只限于他人,道德责任是一种指向他人、影响他人学习和生活利益的道德责任。

  综上,在本研究中,校园内大学生道德责任是指在大学校园的物理空间及其衍生的网络空间里,大学生在与教师、同学和职工进行互动时,根据社会主义核心价值观建立的道德规范,应该承担去做或不做某事的责任。

国外方面,有的学者研究了布拉格生命科学大学学生的不道德行为,目的是检查学生是否会在考试和作业时有不道德的行为。基于自我评估的调查研究证实,不道德的行为是相当频繁的,更频繁的是考试作弊。被调查者并不认为他们的行为是不道德的,他们害怕受到惩罚。

国内关于大学生道德责任现状的研究较多,仅以硕士和博士学位论文为例,近10年有20余篇硕士学位论文和1篇博士学位论文研究大学生道德责任问题。国内关于大学生道德责任现状的研究可以以李尽晖2007年博士学位论文中的相关研究结论为主要代表。

李尽晖(2007年)问卷调查的数据结果显示,大学生对集体责任感和社会责任感漠视,家庭责任感和他人责任感缺失,对职业责任感的个人主义严重,自我意识和自我责任感偏离。[①] 结论的主要数据依据是:在回答一个兼容道德责任和法律责任的问题"如果发现自己的朋友卷入犯法事件中,会向警察举报"时,只有62.4%的大学生认为这是自己的责任,能够做到的同学仅约占11%;在回答"当您在公共汽车上发现小偷正在行窃时,您会怎么做"时,采取"当众指出,立即揭发"这种最直接的方式来予以制止的仅占1.1%,而采取暗示被窃者、告知司机或其他乘客、报警等诸多"恰当而又巧妙的"间接方式来处理的却占41.3%,后者明显高于前者;在回答"如果为了帮助别人而给自己招惹麻烦,这样的事"时,52.8%的大学生选择"基本不会做","肯定会做"的仅为5.5%。在受教育程度最高的大学生中,选择到祖国边疆或贫困地区做贡献的仅占9%。[②]

在教育干预的措施方面,有的学者建议:教师讨论学术诚信问题和政策含义时向学生灌输对诚实的尊重和适当的行为,从而遏制学术不端行

---

① 李尽晖.当代大学生道德责任教育研究[D].西安:陕西师范大学,2007:13-15.
② 李尽晖.当代大学生道德责任教育研究[D].西安:陕西师范大学,2007:11-12.

为;学生和教师都应该发起强调道德和原则性智力追求的讨论,谴责不诚实的学术追求。道德教育干预者通过直接接触个别学生,通过建模道德行为,明确和有计划地实施干预措施。

在教育干预实施效果方面,有些学者的研究表明,道德课程不会对大学生道德发展产生正面影响。例如,越来越多的企业伦理课程的完成并没有显著影响学生的道德推理。经过两年的医学教育,学生道德能力水平处于停滞状态。有的学者发现,道德教育干预对道德认知发展影响并不明显。另外一些学者的研究表明,道德课程会对大学生道德发展产生影响。林德(2015年)认为,教学对道德发展的影响越强,教师话语越少,学生对自身的责任感和思考的机会就越强。然而,与讲座一样,在讲座过程中进行单一的两难讨论也会提高学生的道德能力。有研究发现,参加社会服务工作的学生,在学期结束时,在道德推理测试中的得分会高于没有参加社会服务工作的学生。通过社会服务工作,大学生有机会把课堂上学习的道德原则在其他环境中继续使用。在课堂上有机会讨论在社会服务工作和日常生活中遇到的道德困境的学生将能够更好地在未来提供令人满意的道德困境解决方案。

在教育干预内容和方法等研究方面,本研究选取四本著作进行典型梳理。王孝坤、沈海东和孙琪(2012年)在其著作《大学生公共责任文化素质养成》中,编写大学生责任教育的实践指南,设计了生命、家庭、集体、同学、社会、学习、环境、校园和恋爱9个责任文化素质养成单元,每个单元又细分为10个养成活动。杨燕和丁文敏(2012年)在其著作《大学生责任教育概论》中提出大学生责任教育的保障机制:加强责任教育规范;发挥课堂教育的主渠道作用;营造责任教育的文化氛围;保障学校责任教育制度;评价监督学校责任效果。张瑞(2014年)在其著作《大学生责任教育新编》中提出了改善大学生责任教育现状的对策、思路、途径、措施和保障机制。魏海苓(2016年)在其著作《责任与担当:大学生社会责任感养成机制研究》中提出,创新责任教育模式,将责任教育融入教学和社会实践中,建立责任教育的组织保障,营造校园责任氛围。

教育干预效果方面,一些学者通过实验方法研究了教育干预后的效果。袭开国(2017年)采用认知方式图形测验、大学生道德自我问卷及自编情境故事,对120名贫困大学生进行了干预研究,探讨认知风格及干预策略对贫困大学生道德自我发展的影响。研究表明,干预策略主效应显著,角色扮演对贫困大学生道德自我发展的干预效果显著好于情境讨论。[①] 田春燕(2018年)的研究确定了预期内疚对道德干预倾向的影响效果。在严重不道德情境下,人际身份调节了人际亲密度与道德责任之间的关系。在轻微不道德情境下,出现了地板效应;而在严重不道德情境下,由于是指数模型,家人所处的社会距离近的一端会随着社会距离的缩短,责任感急剧增加,而生疏的人所处的远的一端随着社会距离的缩短,责任感只是缓慢增加。

梳理国内外文献可以看到:关于道德责任内涵,国外主要是目的论和结果论两大学派的观点,都具有很强的影响力,国内以角色责任为主;国内外都出现了关于超义务行为的讨论,国外争论了半个世纪,国内最近几年一些学者才开始重视超义务行为的研究,特别是,傅维利教授在《教育研究》上发表的《道德外烁的时代价值及教育策略》为部分超义务行为被纳入道德责任范畴提供了非常强的理论支撑;道义判断、责任判断和道德行为是柯尔伯格道德认知发展理论的核心要素,已经成为学者们研究大学生道德责任现状的研究工具里的核心要素;元道德责任的研究拓展了道德责任的研究视野,也许学者们很难认同布鲁斯·N.沃勒对道德责任及其制度批评的内容和逻辑,但是,布鲁斯·N.沃勒的两部著作必将逐渐唤起学者们对于道德责任本体存在的合法性问题的研究;元道德责任的另外一个研究是道义逻辑问题,相关研究文献也十分丰富。

在道德责任和大学生道德责任的研究领域中还有以下几点不足:

---

① 袭开国.不同认知风格贫困大学生道德自我发展的干预[J].中国健康心理学杂志,2017(3):371-375.

# 第一章 道德责任的内涵

其一,学者们没有把道德责任概念进一步聚焦在校园范围内。大学生校园内道德责任和校园外道德责任是否有明显的区分?大学生的首要角色是学生,是校园内的学生,校园学习和生活具有一些典型性特征,这就使得校园内大学生道德责任具有一些区别于社会道德责任的典型性特征。但是在学术界,对此进行专门研究和关注的文献却鲜见。

其二,与国外学界相比,国内学者研究超义务行为的文献明显较少。一些研究超义务行为的国外学者,也不承认超义务行为的道德责任属性特征。本书认为,根据弗兰克纳的混合义务论的两条基本原则,超义务行为具有道德责任属性特征。康德也将一些超义务行为纳入不完全道德责任范畴。因此,从康德和弗兰克纳等人的道德责任理论出发,超义务行为可以在一定程度上和一定条件下进入道德责任范畴。

其三,柯尔伯格提出重要论断"责任判断是正义和公正的道义判断通往道德行为的桥梁",虽然一些学者依据此论断进一步论证各种道德观念和学说,也有学者进一步验证此论断,但是没有学者验证这个论断的稳定性。

其四,道义判断、责任判断和道德行为构成柯尔伯格道德认知发展理论的核心要素。一些学者据此构建了道德发展的分析工具,大范围地应用于实践当中。目前,DIT-2 和 MCT 已经成为测量大学生道德责任水平的主流工具。但是,在搜集整理的文献中,却未见应用道义判断、责任判断和道德行为建立的其他研究工具。在应用 DIT-2 和 MCT 等有效研究工具的同时,学术界有必要应用柯尔伯格道义判断、责任判断和道德行为的思想,不断探索其他研究工具。

其五,虽然很多学者支持康德把道德责任划分为完全道德责任和不完全道德责任,但是没有学者应用康德完全道德责任和不完全道德责任概念建立道德责任的分析结构并应用于道德责任测量领域。大学生完全道德责任和不完全道德责任现状及其特征问题,没有出现在已有文献中。

其六,在道德责任研究文献中,常使用问卷调查和访谈等实证研究方法,这在一定程度上揭示了一些现象背后的原因和普遍性的规律,但是没有学者使用博弈演化方法对群体道德责任进行仿真实验和分析。

基于以上分析,学术界应该对校园内大学生道德责任的内涵和层次等问题进行研究,特别是有必要将符合一定条件的超义务行为纳入道德责任之中。在研究过程中,学术界应该继承和发展康德和弗兰克纳等人的道德责任理论,创造性地应用柯尔伯格道德认知发展理论,构建有一定创新性的研究工具,并应用于实践;根据博弈演化理论,设计仿真实验,检验柯尔伯格的观点,等等。本书将针对上述六点已有研究不足开展研究工作,期待本书的研究结果能够为学术界同仁提供几点启发和参考,甚至引发一些批评或争议,这将是一件非常有意义并且有趣的事情。

## 本章小结

道德责任是指从道德角度应该承担去做或不做某事的要求,以及承担因为去做或不做某事并产生不好后果,从而进行补偿或弥补的要求。前者是事前道德责任,后者是事后道德责任。考虑两种道德责任的逻辑性存在一定程度的差异以及研究深度和可行性等问题,本研究中的道德责任只限于前者。校园内大学生道德责任是指在大学校园的物理空间及其衍生的网络空间里,大学生在与教师、同学和其他非教职员工进行互动时,根据社会主义核心价值观建立的道德规范,应该承担去做或不做某事的要求。

# 第二章
# 道德责任的分析结构

在当代道德哲学中,道德责任是一个关键概念。[①] 道德责任问题是伦理道德研究中的首要问题。[②] 校园内大学生道德责任是指在大学校园的物理空间及其衍生的网络空间里,大学生在与教师、同学和职工进行互动时,根据社会主义核心价值观建立的道德规范,应该承担去做或不做某事的要求。需要特别指出的是,为了缩小研究范围,以便更好地集中研究某一个内容,本研究中的道德责任限指事前道德责任,不包含事后道德责任。事前道德责任是指某事被做或不被做之前的道德责任;事后道德责任是指某事被做或不被做之后产生了不好后果的道德责任。道德责任概念中有一个非常重要的关键词"应该",哪些行为是应该的?哪些行为是不应该的?也就是说,道德责任内容确定的依据是什么?此外,道德责任内容是否有必要划分层次?如何划分?道德责任水平的量化指标是什么?能否明确校园内大学生道德责任内在构成,厘清基本分析结构,以便应用于后续的问卷调查等实证研究?校园内大学生道德责任的理论建构将有助于有效地解答上述问题。

---

① 姚大志.道德责任是如何可能的——自由论的解释及其问题[J].吉林大学社会科学学报,2016(4):144-147.
② 沈亚生,颜冬梅.亚里士多德对道德责任的思考——法兰克福式反例的启示[J].吉林大学社会科学学报,2016(6):123-129.

# 一、道德责任内容

在社会主义核心价值观中,"自由、平等、公正、法治"描绘了美好社会特别是中国特色社会主义的基本属性,"爱国、敬业、诚信、友善"是公民基本道德规范。聚焦到大学校园时,我们对"平等""公正""敬业""诚信"和"友善"进行概念下沉,就可以建构起理性人对校园内大学生道德责任的理性期待。理性人是指秉持社会主义核心价值观的公民。理性期待是指秉持社会主义核心价值观的社会群体或个人对大学生应该做什么和不应该做什么的期待。道德责任内容的确定绝不能依赖感性,不能依赖人际关系,不能凭借个人喜好,而应完全遵从那些秉持社会主义核心价值观的理性人的理性期待。

## (一)道德责任内容的确定原则

### 1. 善行原则

善行原则是指我们应该不作恶、防止恶、消除恶、促进善,四者冲突时,去做会实现善超过恶的最大余额的事。这里的恶是指侵犯他人合法权益,善是指促进他人合法权益。本书经常使用的"合法"是指合乎道德之法。接下来对善行原则做如下诠释。

责任给了生活以意义和结构。没有它,就没有家——只是流浪汉般无目标的自由。① 作为实在的个体,其生活需要被赋予各种意义。意义的实现是有评定指标和要求的,道德责任就是最主要的指标,而这一指标的确立也主要依赖个人遵从具有普遍意义的规范要求。每个人都要对自己应当承担的责任有清晰的认知,并且确认自己的认知与社会的发展要求相一致。责任存在于我们的日常生活中,存在于我们的冲动和感觉之中,存在于我们的生活指南和人际交往过程中。我们所有大大小小的决定都尽显着责任,这些决定并不仅仅是为了我们自己,也是为了客观世界的普

---

① [美]拉里莎·麦克法夸尔.陌生人溺水[M].王燕秋,译.长沙:湖南人民出版社,2017:164.

遍联系与发展。指导这一切的首要原则就是善行原则。善行原则是社会主义核心价值观中"友善"的原则化。友善意指人际交往时友好和善,重在"善"字。行为中如何体现出"善"呢?或者说,善行原则的具体内容是什么呢?

弗兰克纳认为善行原则是道德责任的首要原则。善行原则包含着四条内容:对任何人或为任何人,一个人不应该造成罪恶或伤害(做坏事);一个人应该防止罪恶或伤害;一个人应该消除罪恶;一个人应该行善或促进善。上述四条内容不是并列关系,而是从前往后递弱的关系。当两条内容之间发生冲突时,前一条内容优先于后一条内容。第一条内容是指我们不能非法侵犯他人合法权益。第二条内容是指我们要防止他人合法权益被侵犯。第三条内容是指我们要制止或防止他人合法权益被侵犯。第四条内容是指我们要增加他人的合法权益。善行原则可以推导出一些道德责任,但是不能推导出所有道德责任。善行原则揭示的是增加善并且减少恶,但是,当增加的善与善之间、减少的恶与恶之间或增加的善与减少的恶之间产生了冲突,善行原则却无能为力。善行原则并没有告诉我们怎样分配各种善和恶;它只不过告诉我们要产生善,防止恶。① 为了克服上述问题,弗兰克纳提出在面临选择冲突时,可以考虑引入功利原则,即去做会实现善超过恶的最大余额的事。② 例如,A 同学求助我辅导数学,如果我不帮助 A 同学,他数学成绩肯定不能及格,我给他辅导一下午数学,他很可能考及格。但是我和 B 同学已经约定去打球,现在联系不到 B 同学来取消约定。面对这个冲突的道德情境,我只能选择其一。我该做何选择呢?按照"去做会实现善超过恶的最大余额的事"的原则,我应该失信于 B 同学,花费时间和精力帮助 A 同学,这种选择就是秉持了

---

① [美]威廉·K.弗兰克纳.善的求索——道德哲学导论[M].黄伟合,包连宗,马莉,译.沈阳:辽宁人民出版社,1987:103.
② [美]威廉·K.弗兰克纳.善的求索——道德哲学导论[M].黄伟合,包连宗,马莉,译.沈阳:辽宁人民出版社,1987:102.

善行原则。

康德所强调的道德责任具有普遍生活意义实质就是强调了道德责任的善行原则,能够形成绝对命令格式的首推善行原则。并非所有的行善行为都是道德责任,但是所有的道德责任都是行善行为。善行原则是道德责任的必要原则,而且是道德责任内容的第一指导原则。例如,在善行原则的要求下,不窥视和侵犯他人隐私是人们必须履行的道德责任。应把隐私权归属于人格尊严更为妥当。所谓人格尊严,即是人的尊严或个人尊严,其奠基于康德的道德哲学原则——"人是目的"的基础上。[①] 尊重和保护每个人的人格尊严具有行善品质,是每一个社会成员融于社会关系、与社会其他成员正常交往的必然要求。不窥视和侵犯他人隐私具有非常重要的、普遍的生活意义,因而,这一规范才可能成为道德责任内容。

又如,对于增加他人合法权益和制止或防止他人合法权益被侵犯是不是道德责任,人们分歧较多。一些人认为,在帮不帮助他人问题上,不能"道德绑架",这个问题不涉及责任问题。一个行为是否涉及责任问题,需要先考虑是否涉及具有普遍性的生活意义和善行原则。社会是由个体组成的,每一个个体都是弱小的,只有形成一个或大或小的紧密、团结、互助的群体,个体的生活才能得到保障和获得满足。即便这个群体规模很大,非常团结和互助,也有这个群体不能解决的困难,需要其他更大群体的帮助。每一个个体或群体遇到的困难可能都是一样的,具有普遍性。是否必然遇到这样或那样的困难,具有不同程度的随机性和偶然性。他人现在需要帮助,他人现在合法权益被侵犯时,我们可能在未来某一时刻也会遇到同样的或类似的情境。当他人需要帮助的时候,我们不去帮助,当他人合法权益被侵犯时,我们不去制止,那么,当我们需要帮助的时候,谁来帮助我们?当我们合法权益被侵犯时,谁来制止他人的行为?每一个个体都是微小、脆弱的,不能自负地说"我不需要",那是因为自己还未

---

[①] 田维民.耻感文化与个人隐私权的保护[J].西部法学评论,2010(2):107-110.

遇到"我需要"的时候。2016年,一女子在某酒店遇袭时,虽有多人围观,但都漠然离开,直到一名女房客伸出援手,犯罪分子才逃跑。在一个公共场所,当他人遇到严重身体威胁并大声呼喊时,冷漠的路人竟然围观一下就离开了。近3分钟的女子遇袭视频,不断地拷问着公众的良知,他人的安危与我们无关吗?因当事人的不作为而对他人或社会的公共利益造成一定的损害,是一种道德上的"恶"。① 只有当社会的主人能理直气壮地"管闲事",并以"管闲事"为荣的时候,民主法治建设才会迎来大踏步的前进。② 由此可见,帮助他人和制止或防止他人合法权益被侵犯的行为符合普遍性意义的善行原则。

**2. 公正原则**

公正原则是指待人平等,平等地分配善和恶,既包含着相同情况的同样对待,也包含着对有特殊情况的人群进行照顾,还包含着具有特殊身份的个体优先承担特定责任。对公正原则做如下诠释。

常见的公正检验标准有三个:根据人们应得的奖赏或价值进行奖励;平等待人;根据人们的需要和能力进行分配。弗兰克纳赞成第二种标准,认为这种标准是具有现代民主理论特点的平等主义的标准。平等待人,体现了社会主义核心价值观中"平等"和"公正"的道德规范。

公正原则是重要的,因为它表明了一个人在一个有价值的社会群体中的地位。不公正将会威胁到一种安全的身份,因为它表明会被排斥成为一个理想集体的重要成员。在分配善与恶时,公正地平等待人既包含了相同情况的同样对待,也包含着对有特殊情况的人群进行照顾。前者极易理解,后者需要我们换个思维方式去理解。对有特殊情况的人群不进行倾斜式照顾,会造成他们不必要的权益损失,在此情况下,不倾斜式照顾其他人,并不会造成这些人的任何权益损失。此时,平等待人的标准

---

① 黄岩."旁观者"的现代生产及其超越[J].南昌大学学报:人文社会科学版,2013(6):18-23.
② 蒋德海.民主建设从"管闲事"开始[J].同舟共进,2017(4):24-25.

指导我们公平分配善与恶,就是要区别对待不同情况的人群。最常见的例子,公交车上设置老幼病残和孕妇专门座椅,公交车上经常响起"车上有需要照顾的乘客,请您给他让座",这既是在弘扬社会群体的仁慈和仁爱之心,更是引导人们公正地对待有特殊情况的人群。

在道德责任的公正性方面,一个人对其行为承担道德责任需要满足一定的条件:对他而言,行为的原因是内在的和自由的,不是在他人强迫之下而为;他可能缺少足够的认知,但是这种缺少足够认知的后果是由他先前其他有意行为造成的。例如在闭卷考试的考场,有些大学生把笔记本放在桌兜里,被监考老师发现后,他们反复强调自己不知道这样的行为是不允许的,因为没有听见监考老师在发卷前类似的禁止性要求。也许他们确实没有听到,但是即便监考老师忘记强调了这个禁止性要求,作为大学生,他们也应该对此禁止性的考场要求有足够的事前认知。很多大学生经常会用"不知道"作为逃避责任的借口,一些家长也会以"孩子小,不懂事"为理由,希望学校网开一面,淡化学生的责任问题。殊不知,在界定道德责任时,我们必须坚持公正性,严格辨清行为的可发生条件,否则纪律规则和道德规范将会轰然坍塌,一系列恶性后果随之而来。

平等待人还包含着分配善与恶的主体的公正,即角色的公正。例如,班级里某个同学因病缺席了重要的课程,需要有同学主动帮助他学习课程,那么,谁来分配这个善呢?平等主义的公正属性特征显示,每个同学平等地有这个机会,如果做这件事情是一项责任,每个同学都平等地具有这个责任。特别地,公正属性还应该包括,具有特殊身份的同学优先具有这个责任,比如学习委员、班长和团支书等班级学生干部。

善行原则和公正原则是弗兰克纳确定道德责任内容的两个基本原则,从而形成了他的混合义务理论。混合义务理论所面临的几个问题仍需要加以探讨,其中一个就是两条原则可能冲突的问题。他指出,如果我们采取道德观点,头脑清楚,并了解有关联的一切,我们也会就有关各方面都满意的行为方式取得一致意见。① 这实质指的就是理性原则。但是在弗兰克纳的混合义务理论体系中理性原则并未明确地被确定为道德责任内容的基本原则,仅仅是作为解决道德责任冲突时的一个基本原则。

善行原则和公正原则作为道德责任内容的两个基本原则,能够较好地回答何为应该和为何应该以及应该的标准等问题。但是,道德责任内容仅以善行原则和公正原则作为基本原则是不完备的,需要进一步完善,至少还需要添加理性原则。

**3. 理性原则**

理性原则包含着四个方面:当法律责任、纪律责任和道德责任发生冲突时,按照三者的先后次序依次履行;不能为了履行自以为是的道德责任而侵犯他人的合法权益;不能为了利他而明显损害自己的权益;行动要有智慧。对理性原则做如下诠释。

尽管现代非理性主义做出了一切努力,但是,人是理性的动物这个定义并没有失去它的力量。理性能力确实是一切人类活动的固有特性。② 理性原则并不是指向自我利益得失的比较,囿因于个人主义道德伦理之中。个人主义道德伦理学的宗旨是一个人必须以行动来提高其个人利益,更确切地说,一个人最基本的道德义务是实现自己的幸福并且不因别人的幸福而牺牲自己的利益。③ 个人理性认知和判断左右着道德情感倾向和行为意志。理性是一种巨大的不可抗御的力量,它排除一切外来的干扰,清除全部利己的意图,保持自身所创制的道德规律的纯洁和严肃。在理性的主宰下,人们就可以不顾艰险,鄙弃诽讥,无私无畏地去担当起自己的道德责任。④ 理性行动的付诸实践意味着对规则规范的理性坚持,

---

① [美]威廉·K.弗兰克纳.善的求索——道德哲学导论[M].黄伟合,包连宗,马莉,译.沈阳:辽宁人民出版社,1987:112.
② [德]恩斯特·卡西尔.人论[M].甘阳,译.上海:上海译文出版社,2013:44.
③ [英]塔拉史密斯.有道德的利己[M].王璇,毛鑫,译.北京:华夏出版社,2010:23.
④ [德]康德.道德形而上学原理[M].苗力田,译.上海:上海人民出版社,2005:5.

不盲目坚持和行动。理性行动意味着行动要适当,不冲动,头脑保持清醒,行动后获得预期的感受和体验。作为体验,规则也就是人的一种"畏"与"敬"的体验、精神状态。① 畏惧因违反道德责任规范性要求的后果惩罚,敬重那些能够遵从道德责任规范性要求的人的品格。这种情感体验就是对道德规则的理性坚持。没有上述的畏惧和敬重,也就没有了理性的道德责任行动,由此可见,畏惧和敬重是道德规则的重要基础层面。责任所包含的道德强制力和道德理性,是所有道德规范中最多的,也是社会的道德要求和个人的道德信念结合得最紧密的。② 理性原则是实现这个目标的重要保障。

生活意义是由道德责任来丰富的,生活意义的实现需要个体的理性来辅助。责任绝不能以情感、冲动和爱好为基础。③ 完全依赖一时激发的情感而采取的行动缺少持续性,更不能长久。成熟的个体行为一定是在理性约束之下,而理性又要符合法律、纪律和道德等的规范性要求。每个有理性的人都须服从这样的规律,不论是谁在任何时候都不应把自己和他人仅仅当作工具,而应该永远看作自身的目的。这样就产生了一个由普遍客观规律约束起来的有理性东西的体系,产生了一个王国。④ 康德所说的这个王国就是理性的道德责任,即道德认知、情感、意志和行动的统一。起着约束作用的普遍客观规律并不是自然规律,而是康德道德律。康德道德律的第一个命题是,按照你认为可以成为普遍规律的准则去行动。也就是说,你的行动可以推己及人,所有人都可以这样做并且应该这样做。康德道德律的第二个命题是,一个出于责任的行为,其道德价值不取决于它所要实现的意图,而取决于它所被规定的准则。有限理性的人成为行动的目的。行动对象无差别,不因对象的亲疏远近而产生不同行

---

① 陈忠.规则论——研究视阈与核心问题[M].北京:人民出版社,2008:200.
② 俞世伟,白燕.规范·德性·德行——动态伦理道德体系的实践性研究[M].北京:商务印书馆,2009:15.
③ [德]康德.道德形而上学原理[M].苗力田,译.上海:上海人民出版社,2005:54.
④ [德]康德.道德形而上学原理[M].苗力田,译.上海:上海人民出版社,2005:53.

## 第二章 道德责任的分析结构

为,而是完全根据确定性的准则。这个准则指向了康德道德律的第三个命题,即责任就是由于尊重规律而产生的行为必要性。[①] 尊重规律,意志自律,就是要有前面所述的畏惧和敬重之情,体现了理性认知和判断,保存了行为的纯洁和严肃,从而使行为具有普遍性的价值,为行为立法,并能推己及人,使所立之法具有普遍性,为理性人所认可和遵从。由此可见,本书所提出的确定道德责任内容的理性原则四个方面都满足了康德道德律的三个命题,可以成为确定道德责任内容的重要原则。

根据康德上述理性观念,我们展开理性原则四个方面内容的分析。

理性原则的第一个方面,当法律责任、纪律责任和道德责任发生冲突时,按照三者的先后次序依次履行。一般地,法律和纪律都建立在道德基础之上,违背道德规范的法律和纪律不在本书讨论范围内。当出现三个竞争性责任时,排在最前面的是法律责任,其次是纪律责任,最后是道德责任。依次序履行责任,这才是真正的道德责任。例如,有一个同学如果再挂科一门,就会降级,成绩良好的我出于善的目的和他交换签名,在试卷上签写了对方的学号和姓名。似乎可以这样认为,我以违背考试纪律的代价履行了帮助同学的道德责任。实则不然。我的行为违背了理性原则,帮助同学的行为不属于道德责任。帮助别人的前提是不能违背法律责任和纪律责任,也不能违背道德责任。

理性原则的第二个方面,不能为了履行自以为是的道德责任而侵犯他人的合法权益。例如,在图书馆里,我给同学辅导功课,但是声音大到影响其他同学学习,我的行为违背理性原则,我没有履行真正的道德责任。

理性原则的第三个方面,不能为了利他而明显损害自己的权益。例如,同学身患重病,正在募捐。我捐款时一定要量力而行,不能为了捐款而使自己陷入麻烦中,否则,我捐款帮助他人并不符合道德责任的理性原

---

① [德]康德.道德形而上学原理[M].苗力田,译.上海:上海人民出版社,2005:16.

则要求,这一定不是一种负责任的行为表现。如果捐款后自己的生活和学习等没有受到不好的影响,那么,我捐款帮助他人符合理性原则。

理性原则的第四个方面,行动要有智慧。例如,当他人或公共利益受到侵犯时,保护他人合法权益,制止或防止公共利益被侵害,符合善行原则和公正原则。但是,行动应该是恰当的,符合自己的能力水平,符合情境需要。采取的行为并不限定于自己挺身而出和见义勇为,当自身能力有限时,向辅导员或其他老师反映情况是非常恰当的。在自己认知和能力范围之内,个体尽力而为,无所保留,在这种情况下,其行为就可以被认为是理性的行为。实际道德判断不仅是个人的稳定特征(他或她的道德能力)的产物,而且是他或她的能力与情境的道德特征相互作用的结果。① 第一个例子,路过一间教室,教室里空无一人,桌面上也没有任何东西,但是教室里的灯都亮着,理性的人都会认为:学生应该进屋关灯。如果学生只是告诉楼道管理员此事,让他来处理,理性的人自然会认为学生没有完全履行自己的道德责任,因为进屋关灯的时间成本是完全可以忽略不计的。第二个例子,路过一间教室,里面烟雾缭绕,几个大学生正在吸烟,理性的人都会认为,遇此事的学生应该告诉楼道管理员或学生处的老师,他们会及时有效地处理此事,制止或处分这些学生,而遇此事的学生已经完全履行了自己的道德责任。如果遇此事的学生直接劝阻这些吸烟的大学生,可能不但不能及时制止他们侵犯公共利益,而且自身的人身安全还会受到威胁。如果遇此事的学生自身能力有限,又得不到有力支持,那么这种履行道德责任的行为方式是非常不值得提倡的,是一种缺乏理性的行为表现,这不是遇此事学生的道德责任。如果遇此事学生有较强的能力(比如身材魁梧,又有功夫在身),或者身旁有很多同学,在此情况下,及时上前制止他们吸烟,这种行为方式是理性的行为表现,这是遇此事学生的道德责任。正因为理性是产生于一定的社会文化生活之中的,所以,每一

---

① [美]L.柯尔伯格.道德教育的哲学[M].魏贤超,柯森,等,译.杭州:浙江教育出版社,2000:174.

种文化都有自己的理性准则和理性生活。① 当他人或公共利益受到侵犯时,保护他人合法权益,制止或防止公共利益被侵害,理性的行为是"智为",这是个体在社会文化生活中应该秉持的理性准则。

综上所述,当一种行为同时满足善行原则、公正原则和理性原则三条原则时,该行为才是应该的,属于道德责任内容。若不满足其中任何一条原则,该行为必然不是道德责任内容。缺少正义原则的行善是盲目的、无原则性的、易入歧途的莽夫之举。兼具善行原则和正义原则的行为,也可能不是道德责任要求的行为。比如,忽视家人对美好生活的合理需要而把自己打工赚的钱捐献给同学;自不量力、全然不顾危险爬上高树,帮助同学摘下风筝,结果摔伤。这两个帮助别人的行为虽然都具备了善行原则和公正原则,但是缺少理性原则,不符合秉持社会主义核心价值观理性人的理性期待,也不应该是社会和学校道德教育的目的。符合秉持社会主义核心价值观理性人的理性期待的,符合社会和学校道德教育目的的道德责任内容,必须同时满足善行原则、公正原则和理性原则三条原则。

需要特别强调的是,本书所指的不侵犯他人合法权益、制止或防止他人合法权益被侵犯和增加他人合法权益都同时满足了善行原则、公正原则和理性原则,正是在这样的前提之下,这三类行为都是我们应该履行的道德责任内容。在理论研究和现实生活中,人们普遍能够接受第一个道德责任内容,对第二个和第三个道德责任内容争议很大。鉴于此,道德责任内容需要进行层次划分。

### (二)道德责任内容的层次划分

**1. 道德责任内容层次划分的必要性**

很多大学老师都是自己擦拭前一节其他课程的黑板板书,即便是怀孕八九个月的女教师每次也是自己费劲地擦拭黑板。帮助任课教师擦拭

---

① 石中英.教育哲学[M].北京:北京师范大学出版社,2007:151.

黑板,是不是大学生的道德责任？一些大学生认为不帮助任课教师擦拭黑板确实体现了大学生道德责任水平比较低,而另外一些大学生认为这是在道德绑架,他们认为帮不帮助擦黑板与道德责任无关。再者,考试前有很多同学在疯狂花钱购买答案,其他同学向辅导员或任课教师或学校管理部门举报,这不是大学生的道德责任吗？类似的帮助别人和举报他人的案例很多,做这些事情是不是道德责任？对此,争议很大。而对于有关诚信和不打扰别人等行为,几乎没有争议,普遍被认为是道德责任。为什么前面事情的道德责任属性争议非常大,而后面事情的道德责任属性没有争议呢？

个体的存在是物理世界的一部分,个体要对他人履行道德责任和对自己履行道德责任,也要对家庭、学校和班集体等具体群体履行道德责任,还要对人类发展、环境保护、文明传承履行道德责任。道德责任的对象有着多种指向,这就决定了道德责任的内容也有多种结构,不同结构划分之下的道德责任内容也具有层次性。如果某些行为属于"超义务行为",却遭到"道德强制",就会出现侵犯他人权利的不道德后果。① 将超道德的行为视为道德义务还会导致伪善的行为。② 为了避免这两种情况的发生,也为了回答前述争议性的问题,必须对道德责任内容划分层次,区别对待不同层次的道德责任内容。

不同层次的道德责任的履行有先后之分,即先履行第一层次的道德责任内容,再履行第二层次的道德责任内容,依次类推。这个过程是不允许跳跃的。如果某个人履行道德责任的过程没有按照这个逻辑,其履行道德责任的行为自然广为诟病。例如,如果一个大学生不能首先履行对家人的道德责任,不能履行赡养家人的法律责任,不能增进家人的幸福,而是首先履行对同学的道德责任,捐助钱财帮助同学,此时,这个同学对他人的帮助就已经不符合道德责任的理性原则,他的行为品格不值得被

---

① 李广博.浅析"以权利为基准的道德辩护"[J].经济研究导刊,2011(32):215-218.
② 陈真.道德义务与超道德的行为[J].伦理学研究,2008(5):62-67.

颂扬，他的精神不能被标榜为楷模。由此可见，道德责任内容应当划分层次，不同层次的道德责任有被履行的先后之分。康德对道德责任的分层具有非常强大的说服力。

**2. 道德责任内容的类似层次划分**

康德把道德责任分成完全的道德责任和不完全的道德责任。他认为保存自己的生命和信守对别人的诺言是完全的道德责任，即不可不履行的道德责任，而发展自己与帮助别人则是不完全的、非必要的、可嘉的道德责任。至于对他人的必然责任或不可推卸的责任，一个人在打算对别人做不兑现的诺言时就看得出来，他这是把别人仅仅当作自己的工具，而不同时把他当作自在目的。① 至于对他人可嘉的责任，一切人所有的自然目的就是他自己的幸福，虽然除非有意从这里有所得，就不会有人对他人幸福做有益之事。②

以康德道德责任层次划分为基础，我国学者进一步诠释道德责任内容的层次性。何怀宏（2008年）认为一般的道德原则规范包括任何人都必须忠实，必须信守自己的诺言；绝不应伤害他人，哪怕在自己受到伤害之后也是如此；一个人在任何情况下都应只做正当的事等。③ 他认为这些就是基本的道德责任，并且宣称"温和的义务论是普遍的道德底线"。④ 他进一步强调，对义务的敬重也就是对道德法则（或者说道德原则、道德律）的敬重，当道德法则的表象在我们心中出现的同时，我们也就产生出一种对法则的敬重之情。敬重和遵守具有普遍意义的道德法则是更高要求的道德责任。

也有学者将超义务的道德责任进一步划分层次，叶蓬和江雪莲（1995年）把超义务的道德责任划分为直接的超义务的道德责任和间接的超义

---

① ［德］康德.道德形而上学原理[M].苗力田,译.上海：上海人民出版社,2005：49.
② ［德］康德.道德形而上学原理[M].苗力田,译.上海：上海人民出版社,2005：50.
③ 何怀宏.伦理学是什么[M].北京：北京大学出版社,2008：129.
④ 何怀宏.温和的义务论是普遍的道德底线[N].光明日报,2016年8月22日.

务的道德责任。直接的超义务行为是指直接对其他个体产生恩惠或好处的行为,比如主动地帮助他人,向处于困境的人提供金钱或财物,等等。间接的超义务行为不直接对某个个体产生恩惠,它的受益对象是普遍的,或者只能说它的受益对象是社会集体。[①]

金生鈜教授指出,我们应当区分道德的两个内容:一是,道德原则提出的普遍道德义务;二是,个人道德修养。前者提出的是我们共同生活的义务和责任;后者则和个人的道德理想有密切关系,是个人选择性的德行实践,是超义务的。[②]

刘美玲(2008年)和姚大志(2015年)认为,规范伦理学划清了基本义务和超义务之间的界限,基本义务来自规范伦理学的规则要求,超义务来自美德伦理学的规范要求。[③][④] 双艳珍(2005年)依据他律和自律对道德义务进行层次划分,[⑤]张建如(1997年)依据日常道德语言区分道德的义务要求和行善要求,[⑥]他们对道德责任层次划分依据的实质仍是遵从规范伦理学。

金安认为,所有的责任在某一时段都可以归于主体责任和附属责任,而主体责任则是由基本责任和升华责任所组成的。基本责任、升华责任和附属责任这三大不同特征的责任构成了我们人生的内涵。[⑦] 基本责任是每个人应尽的分内职责,承担基本责任是我们每个人必须做到的基本要求,也是一个人的行为准则。基本责任的最大特点是内容和范围比较明确,便于考核。基本责任一般都带有直接或间接的强制性。基本责任是社会交换的公平原则,是社会对每个人的最低要求。承担基本责任是

---

① 叶蓬,江雪莲.义务行为和超义务行为问题新探[J].现代哲学,1995(3):87-90.
② 金生鈜.公共道德义务的认同及其教育[J].华东师范大学学报:教育科学版,2012(3):1-7.
③ 刘美玲.德性伦理与规范伦理:逻辑意蕴和融通之路[J].求索,2008(11):91-93.
④ 姚大志.利他主义与道德义务[J].社会科学战线,2015(5):24-30.
⑤ 双艳珍.论道德义务的两个层次[J].中北大学学报:社会科学版,2005(3):12-14.
⑥ 张建如.义务要求和行善要求——道德要求的两个层次[J].中山大学学报:社会科学版,1997(2):27-33.
⑦ 金安.责任[M].成都:四川大学出版社,2005:17.

每个人最基本的行为准则,是社会有序运行的最低保障,是构建和谐社会的基础。倡导每一位公民承担自己的责任,是社会的首要任务。① 升华责任是一种"超额"任务。承担升华责任完全靠的是个人的主动性和自愿性等自身素质,没有任何的强制要求。承担升华责任是一个人高尚素质的表现,是我们获得提升或人生成功的重要机会源泉,同时也能使我们获得信誉、品质等巨大的无形资产。附属责任是相对主体责任而言的,是一种分外责任。

钮佳豪和杨正邦认为,道德义务有主动和被动之分。被动义务是指尊重与服从社会秩序和公德,此类义务若不遵循履行,不仅将遭受谴责,严重者甚至可受法律惩治,如情节轻微的生产、销售伪劣商品,侮骂他人,毁损公共或他人财物等行为;主动义务即通常所说的自律义务,是指进一步要求行为人以积极姿态去帮助他人与社会。②

关于道德责任两个层次的划分,虽然所使用的词语有些许差异,但是本质上,所有学者都把道德责任划分为两个层次,而且划分标准基本一致。比较有代表性的研究是郭淑豪和程亮(2017年)对义务的道德和超义务的道德的区分,见表2-1。

表 2-1　　　　　　义务的道德与超义务的道德的区分

|  | 道德层次 | 约束力 | 描述语言 | 可对照的人群 | 履行的难度 | 不履行的后果 |
| --- | --- | --- | --- | --- | --- | --- |
| 义务的道德 | 基本标准 | 普遍要求:每个人都必须履行 | 必须、不得(被要求) | 普遍公民(多) | 大多数人能够做到 | 不道德,谴责 |
| 超义务的道德 | 崇高卓越 | 自愿选择:个别根据情况自我选择 | 可以、鼓励(称赞) | 道德模范(少) | 多数人不愿意,少数人能够做到 | 理解、谅解、失望 |

资料来源:郭淑豪,程亮.从义务的道德到超义务的道德——重审学校德育的层次性[J].中国教育学刊,2017(2):89-94.

---

① 金安.责任[M].成都:四川大学出版社,2005:21.
② 钮佳豪,杨正邦.见义不为的道德尴尬与法律规制的探析[J].法制与社会,2013(5):23-27.

综上,完全道德责任、完全道德义务、主体责任和被动义务指的是一类道德责任,不完全道德责任、不完全道德义务、附属责任和主动义务指的是另一类道德责任。前者可称为基本道德责任,后者可称为超义务道德责任。

**3. 道德责任内容的两个层次:基本道德责任和超义务道德责任**

(1)基本道德责任

基本道德责任是每个人必须要履行的被动的责任,是外在义务内化后的外显责任。基本道德责任包括不损互利道德责任和不损他道德责任。不损他道德责任是指不侵犯他人的合法权益,例如尊重和不欺辱别人,诚信,不造谣不传谣,不窥探不传播隐私,不打扰别人。尊重每一个人的人格尊严、生活选择和合法权益是道德规范要求,也是生活意义的普遍性要求。尊重这一道德概念扩展了人们道德关切的范围,促使人们认识到除了关切自己的亲人和朋友,对任何一个人都应负有一定的道德责任。就其实践意义而言,这种规范性尊重显然是把普遍有效性作为其实践目标:它指向作为尊重主体的人与被尊重对象之间应然的道德关系,以建构某种理想的道德共同体为鹄的。[①] 在自愿、主动并不求任何利益或关系回报的前提下,遵守承诺,不故意给别人添麻烦,不造成别人本来可以避免的利益损失。大学生必须履行这些责任,不履行这些责任就必须接受道德上的谴责或被别人疏远等惩罚。这些责任是进步的社会对承担未来社会发展重任的大学生的最基本要求。大学生履行这些责任,彰显了大学生具备最基本的社会公民素质。个人是否承担公共道德义务,促进共同生活正义与美好,是共同生活的社会好坏的决定性因素。[②] 这里的公共道德义务就是基本道德责任。大学生是否承担校园内大学生基本道德责任是公共学习和生活的校园好坏的决定性因素。

---

① 廖加林.尊重——公共生活的基础性道德价值[J].道德与文明,2008(6):23-26.
② 金生鈜.公共道德义务的认同及其教育[J].华东师范大学学报:教育科学版,2012(3):1-6.

## 第二章　道德责任的分析结构

不损互利道德责任是指不为了个人的其他利益而损害自己和他人事先已经确定的利益。在不损互利道德责任事件中包含了两个利己事件的冲突,互利事件中的利己程度可能略微或明显弱于损互利而利己事件中的利己程度,否则就不会出现损互利而利己的可能性。共同做某件事情是彼此互利,如果中途出现了自己可能在另外一件事情上获利,并且获利的可能性和获利空间大于之前的事情,两件事情有冲突,此时,损互利而利己,还是不损互利,是摆在很多人面前的两难选择。因为共同做某件事情在先,继续专注此事既不侵犯他人合法权益,也遵守了契约,这显然是必须履行的基本道德责任。

承诺去做某件事情,是一个非常明确的契约,是完全契约。完全契约的达成可以是口头承诺,比如答应去做某事,这就意味着中途不能退出,除非事先有过约定。再如在考试诚信责任书上签字,在校园文明倡议书上签字,在倡议义务劳动、无私奉献的横幅上签字等,这些都是在签订一份完全契约。签订一份完全契约,就相当于做出了明确的承诺,个人就必须遵守承诺,守信。如果签字后,个人做出不符合和违背倡议书中内容的事情,其他人就可以批评他,甚至用疏远他作为惩罚他的方式。

契约也包括不完全契约。以往的理论研究充分认可卢梭的社会契约论思想,但却常常忽视了契约应该分为完全契约和不完全契约。奥立弗·哈特的不完全合同理论奠定了不完全契约理论思想。不完全契约是指双方确立契约时不能完全预见契约履行期内可能出现的各种情况,从而无法达成内容完备、设计周详的契约条款。[①] 涉事双方不能达成完全契约,出现不完全契约的情况,最主要的原因是:涉事双方都是有限理性的人,思维是有限的,而事态的发展是复杂的,有限的思维不可能充分认识和预见复杂事物的复杂演化。例如在见义乐为和见义智为的倡议横幅上签字,表明做出了承诺,自己将会见义乐为和见义智为。倡议书只能简单罗

---

① ［法］埃哈尔·费埃德伯格.权力与规则——组织行动的动力[M].张月,等,译.上海:上海人民出版社,2017:204.

列"见""义""乐""智"和"为"的一些情况,不可能列举出所有可能性,充分展示契约内容。列举出来情况的倡议书是一份完全契约。至于没有列举出来的其他情况,心智成熟的大学生理应有足够的道德认知和判断,那些即是不完全契约的内容。这些不完全契约不因为个人"不知道"而消解。这种不完全契约的确立是凭借一些理性社会人的理性判断,不以个人意志为转移。

还有一种达成契约的形式是"默认"。进入图书馆,就必须遵守图书馆的相关规定,包括明确的挂在墙上的馆规馆纪,也包括没有在馆规馆纪中明确列出,但是理性社会人能够理性得出的判断,也就是说,馆规馆纪包括完全契约内容,也包括不完全契约内容。进入图书馆,就表明"默认"了这个场所的所有契约内容。进入学校也同样如此,遵守学校的校纪校风学风,就是遵守诚信,是大学生必须履行的道德责任。

(2) 超义务道德责任

超义务道德责任是指每个人在履行基本道德责任的基础上主动地承担的额外义务。超义务道德责任包括增加他人的合法权益,制止或防止他人合法权益受到侵犯。宽恕他人是一种超义务。[①] 不受外在要求和强制的个人慈善行为是一种超义务。[②] 见义勇为是一种超义务。[③] 博爱、怜悯、英雄主义和自我牺牲等行为都是超义务的。[④] 有的超义务行为属于道德责任,有的超义务行为不属于道德责任。满足善行原则、公正原则和理性原则的超义务行为,才属于超义务道德责任。有的利他行为属于基本道德责任,例如同学问自己数学问题,自己恰好知道答案,自己给同学解答数学问题就属于基本道德责任。有的利他行为属于超义务道德责任,例如自己主动给同学解答问题。有的利他行为不属于道德责任,仅是超

---

[①] 管月飞.什么人有权利宽恕:"威森塔尔问题"再思考[J].世界哲学,2015(2):146-152.
[②] 武晓峰.情感、理性、责任:个人慈善行为的伦理动因[J].道德与文明,2011(2):106-111.
[③] 周升普.建立分层次的道德评价体系和有重点的道德教育原则——"见义勇为"稀缺的道德因探微[J].天津市教科院学报,2009(6):63-64.
[④] 姚大志.利他主义与道德义务[J].社会科学战线,2015(5):24-30.

义务行为,例如你的专业与数学无关,也不想知道这个数学问题的答案,你不认识这个同学,但是为了主动帮助他,你联系了很多同学和老师寻找数学问题的答案。超义务道德责任强调了一个"度",过犹不及。

面对他人的道德急需,人作为道德存在应该有所行动却没有行动,道德冷漠就发生了。这里的关键点在于,因为人是道德存在,我们对人有一种道德预期,即在面对别人的道德急需时,人应该尽自己的道德责任去满足别人的道德急需。① 旁观特指当他人或社会公共生活受到侵害时,在场的目击者一味消极观望或等待,没有积极行动起来,最终导致悲剧或苦难发生的现象。② 被救助人基于人权有权获得救助,救助人基于社群责任有义务提供救助,而基于这两个前提救助义务的法律化并不存在重大理论障碍,也并非对个人自由的侵犯。③ 特殊情况下救助他人行为正在朝向法律化方向推进,特殊的超义务道德责任最终会变成法律责任。

按照学校和教师的道德呼吁,同学之间团结友爱,主动帮助他人等,这些都是或明确承诺,或因进入学校这个特殊场地而"默认"的承诺。学校的学习生活是一个特殊的职业——学业。社会主义核心价值观中"敬业"要求公民忠于职守、克己奉公、服务人民和服务社会,同样地,学业之中的大学生应该忠于学校的教育,尊师敬师,和同学相处时要团结友爱、互帮互谅,克制自己的私欲,以集体的学习和生活为重,服务集体,等等。这里面,尊师敬师,和同学相处时团结友爱、互帮互谅是基本道德责任。主动帮助老师和同学,为了维护学校良好的校风学风而举报违纪的教师和同学,这些都属于超义务道德责任。也就是说,"敬业"内涵包括基本道德责任和超义务道德责任两部分。这两部分都有完全契约内容,也都有不完全契约内容。

在"敬业"这一道德规范之下,自愿、主动并不求任何利益或关系回

---

① 高德胜.再论道德冷漠与道德教育[J].教育研究与实验,2015(5):1-7.
② 黄岩."旁观"现象成因的多维审视[J].南昌大学学报:人文社会科学版,2015(4):35-40.
③ 卢春荣.见危救助义务的正当性分析[J].行政与法,2012(8):85-89.

报,给生病的同学辅导功课,帮助老师擦拭黑板,关闭空无一人教室里的灯等,这些都是大学生超义务道德责任。如果大学生做事情的目的是维护、改善或增进与对方的关系,那么,他们的行为就不能从道德责任层次进行讨论,而应该从人际关系层面进行分析。大学生可以不履行这些责任,并且不受任何道德上的谴责或其他惩罚,但是,这些责任是进步的社会对承担未来社会发展重任的大学生的理性期待。即使人们认为慈善行为不是道德的要求而是职责以外的某种东西和道德上善的部分,人们还是把慈善行为看成道德的一个重要部分——如果不是规定的,就是值得想望的。① 履行这些责任,能够彰显大学生仁慈和公正之心的高贵品质。当然,不履行这些责任并不代表大学生欠缺仁慈之心的高贵品质。提供力所能及的帮助是我们对他人负有的一种超义务的道德责任。帮助他人不是行为者基于明智原则在利益换取中偶然为之,而是不可逃脱共享依赖条件的理性存在者行为的必然性。这种必然性在肯定行为者具有提供帮助的理性能力的同时,也使行为者获得了成为共同体成员的资格。② 大学生可以选择去做,也可以选择不去做这些事情。我们夸赞主动自愿去做这些事情的同学道德境界很高,道德责任意识和行动力都很高。与此同时,对于选择不去主动自愿做这些事情的大学生,我们不能批评和谴责他们。如若必须做一个评价,我们只能说,与那些主动自愿去做这些事情的同学相比,这些没有主动自愿去做这些事情的同学道德境界略低一些,还有待提升道德责任水平。

制止或防止他人合法权益被侵犯,属于超义务道德责任。根据主体的不同,可以分为特殊主体和一般主体的见危不救,前者指的是负有法律义务、职责或是由先行行为和法律行为引起的救助义务的人在他人陷于

---

① [美]威廉·K.弗兰克纳.善的求索——道德哲学导论[M].黄伟合,包连宗,马莉,译.沈阳:辽宁人民出版社,1987:101.

② 孙戬.责任伦理视域下"帮助他人"之必然性探析[J].东北师大学报:哲学社会科学版,2015(6):39-42.

危难之时有责任救助而不予救助的行为;后者针对的是没有这种法律上救助义务的普通人。① 如果一般主体具有救助他人的能力和条件,此时,他也应承担道德责任,但是承担的是超义务道德责任。制止或防止他人合法权益被侵犯,可能会因实施救助行为造成本人或第三人合法权益损害,此时需要比较本人或第三人合法权益损害的程度与他人合法权益被侵犯的程度。既要比较暂时性的损害程度,也要比较隐性的或未来性的损害程度。既要比较个人之间的利益得失,也要比较社会舆论和社会示范性作用。对复杂问题的评估是一个复杂过程,一般主体救助与否的决定常常是在一念之间。但是这一念之间确是一般主体整体道德责任的瞬间外显,体现了一般主体真实的整体道德责任水平状况。制止他人不被其他人增加不必要的麻烦,制止造谣或隐私被传播,保护他人不被其他人打扰,都是超义务道德责任。

### (三)道德责任水平的量化指标

道德责任包括基本道德责任和超义务道德责任。根据理性人的社会经验,个体或群体在这两方面的认知和行为表现是可以被判断出来的,即从认知上来说,人们普遍认可完全道德责任,对不完全道德责任存在较大争议;从行为表现上来说,完全道德责任水平较高,不完全道德责任水平较低。这些只是经验上的感觉判断,缺少科学数据的支撑。合乎逻辑的量化指标是提供科学数据的关键前提。只有建立道德责任水平测量的量化指标,道德责任水平测量才具有可能性。

教育的目的是把学生培养成为理性的社会人。朱利安·尼达-诺姆林(Julian Nida-Rumelin)认为,理性人自觉的生命形态表现在他赋予行为一个结构,他追求长期方案,这些方案只有当行为的充分投入是以这个方案为目的时才能实现,他的道德信念同样表现在他行为的确定结构里。②

---

① 向朝霞.一个平庸的恶——见危不救的原因及其规制[J].云南行政学院学报,2007(1):151-153.
② [德]朱利安·尼达-诺姆林.理性与责任:实践理性的两个基本概念[M].迟帅,译.北京:北京大学出版社,2017:37.

理性人能够建立一个完整的、在一定时期内稳定的行为结构,行为策略能够成为一个长期解决问题的方案,并能在解决问题时投入足够的意志和信念。康德认为,假如理性绝对地决定意志,屡试不爽,那么,这种有理性者的行为,如其在客观方面被认为是必然的,在主观方面也是必然的,那就是说,意志的功用就在于单单采取理性不顾个人爱好而认为在行为上必然的(好的)行动。假如意志自身不完全合于理性(在人类,就是这样),那么,在客观上认为必然的行动,在主观方面只是偶然的。① 这就反映了行为者自身并没有形成一个相对稳定的行为结构,行为者还不完全是一个教育目的上的理性人。理性人的行为结构符合自身的道德意志和信念,自身的道德意志和信念又能顺承社会道德规范。理性人的行为应该与道德责任判断一致。

郭金鸿认为,所谓道德责任判断,是指人们在一定的道德意识支配下,依据一定的道德标准,通过社会舆论和心理活动等形式,对道德行为主体、行为和品格进行的责任评判。实际后果是道德责任判断的现实根据,因果关系是道德责任判断的逻辑根据,社会历史理性是道德责任判断的最终价值根据。道德责任判断的直接目的在于找出可称赞或谴责的原因,从而制造或减少产生这种原因的条件,以达到有利结果的发生或有害结果的消除。②

道德行为乃是外部动作与内部道德判断的内容贯通一致的行动,这种道德行为的一致性观念就是道德责任的观念。基于此逻辑,柯尔伯格用下面的模型概括道德判断和道德行为之间的关系。在解释具体情境时,个体首先要采择道德判断的社会观点,此时是处于道德亚阶段。观点采择后,进行个体的道义选择和判断,此时进入了道德决策阶段。责任或义务判断是个体进行道德判断的过程,判断是否应该去做或不做。从责任判断到道德行为,中间出现一个非道德技能的过程,即自我控制,包括

---

① [德]康德.道德形而上学探本[M].唐钺,译.北京:商务印书馆,2012:29.
② 郭金鸿.道德责任判断的三重根据[J].伦理学研究,2009,39(1):77-83.

智商、注意和满足延迟,这个过程实际上是外部环境作用到个体后的反应,体现了外部环境和个体自身内在因素相互结合作用的结果。非道德技能过程是一个极其复杂的过程,很难准确量化,但是道义选择、责任判断和道德行为容易量化。道德判断与道德行为关系模型体现了理性的社会人稳定的行为结构,是判断大学生道德责任水平的重要工具和方法,如图 2-1 所示。

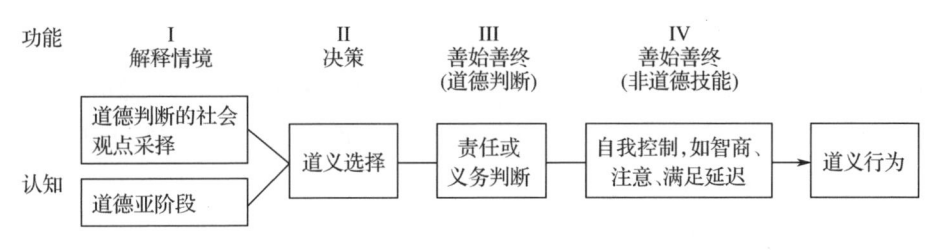

| 功能 | I<br>解释情境 | II<br>决策 | III<br>善始善终<br>(道德判断) | IV<br>善始善终<br>(非道德技能) | |
|---|---|---|---|---|---|
| 认知 | 道德判断的社会观点采择 / 道德亚阶段 | 道义选择 | 责任或义务判断 | 自我控制,如智商、注意、满足延迟 | 道义行为 |

图 2-1 道德判断与道德行为关系模型①

上面的模型中,观点采择和道义选择的过程就是道义判断。道义判断转化为道德行为的过程中需要经过责任判断和自我控制。道义判断往往高于责任判断,因为道义判断是对"为什么正确"的判断,而责任判断是对"为什么我正确"的判断。道义判断处于一阶判断,而责任判断处于二阶判断。道德判断同时也是一种道德感知。虽然道德感知本身可能还不一定是一种道德行为,但它无疑是引发道德行为的一种力量和一个条件。② 道义判断决定是否接受、同意一般伦理规范。责任判断也是道德感知的过程,可靠的敏感性是一个必要的基础条件。这种敏感性是一种感知能力,属于行动者的能动性范围。可靠的敏感性需要一定的学校教育和社会化培养,形成具有普遍约束性的道德规范。亚里士多德也认为,出

---

① [美]L.柯尔伯格.道德发展的心理学:道德阶段的本质与确证[M].郭本禹,何瑾,黄小丹,等,译.上海:华东师范大学出版社,2004:517.
② 李晔.现代世界中的伦理规范:语言、事实、理由与行动[M].南宁:广西师范大学出版社,2017:352-353.

于责任而行动的人,与真正"有德行"的人相比,是有缺陷的。那些过于"遵守"原则规范的人,必须诉诸原则或规范,好像他们必须为自己应该做什么寻找依据,而不是出于德行"自发"的行动……这些"原则主义者"从道德意义上来讲是不完善的。①

道义判断、责任判断和道德行为是一个统一体,共同构成道德责任体系。道义判断是对去做或不做某事义务性的道德观点采择。责任判断是对外在义务要求是否由我承担的主观判断。道义判断和责任判断是主体的道德认知。判断一个人是否履行了道德责任,不能只看行为表现,还要看行为的道德认知。例如,某个同学在撰写超义务道德责任方面的论文,而我恰好搜集到了一篇超义务行为最新研究进展的外文资料,我是否应该主动把这篇外文资料传给那个同学呢?若认可帮助他是道义要求,自己应该去做,并且实际也做了,那么,我帮助他人的道德责任水平是很高的。否则,若不认可帮助他是道义要求,自己没有责任去做,但自己还是去帮了,那么我帮助他人的道德责任水平不高。再如,某个同学在撰写超义务道德责任方面的论文时学术不道德,抄袭导师的学术观点,而我恰好发现了这件事,我是否应该主动举报他或向导师反映此事或劝阻、制止他?若认可举报(或制止)他是道义要求,自己应该去做,并且也实际做了,那么,我举报(或制止)他人的道德责任水平是很高的。否则,若不认可去做是道义要求,但是为了减少一个竞争对手,自己应该去做,并且去做了,那么,我举报(或制止)他人的道德责任水平不高。

根据以上学者的观点,本书认为,道义判断、责任判断和道德行为作为道德责任三个重要内容,是量化道德责任水平的重要指标,并能演化出四个作用力,如图2-2所示。对于道义判断和道德行为,作为中间桥梁的责任判断有四种作用力,分别是向上牵引力、向下牵引力、水平牵引力和失衡力。责任判断的向上牵引力是指责任判断高于道义判断时所产生的

---

① 李晔.现代世界中的伦理规范:语言、事实、理由与行动[M].南宁:广西师范大学出版社,2017:354.

能够带动道德行为也高于道义判断的作用力。责任判断的向下牵引力是指责任判断低于道义判断时所产生的能够带动道德行为也低于道义判断的作用力。责任判断的水平牵引力是指责任判断等于道义判断时所产生的能够带动道德行为也等于道义判断的作用力。

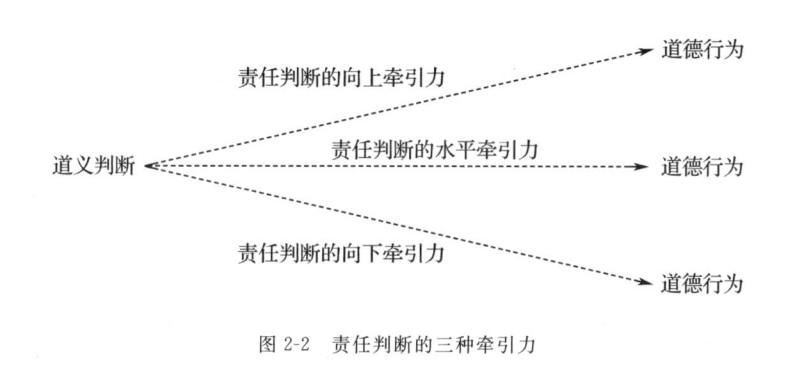

```
                   责任判断的向上牵引力 ----→ 道德行为
道义判断 ←---------责任判断的水平牵引力----→ 道德行为
                   责任判断的向下牵引力 ----→ 道德行为
```

图 2-2　责任判断的三种牵引力

向上牵引力、向下牵引力、水平牵引力反映了道德责任的知行一致性。除此以外的作用力皆为责任判断的失衡力，失衡力体现了针对道义判断而言，责任判断和道德行为的方向不一致，反映了道德责任的知行不一致性，体现了个体外部环境在对道德行为发挥主导作用。

## 二、个人道德责任内在构成的基本分析结构

大学生道德责任现状和水平的研究方法有很多，从不同角度出发，使用不同研究方法，可以构建不同的分析结构，都可以在一定程度上对大学生道德责任问题进行分析。分析结构没有对错之分，甚至没有优劣之分。例如，对于一个物体的研究，研究目的可以是密度均匀程度，也可以选择是材质构成情况，还可以是不同部位的价值；研究方法可以选择横着均分成几块，也可以选择竖着均分成几块；等等。总之，依据研究理论基础，研究者的价值立场、研究目的和研究方法，可以构建各不相同的分析结构。道德责任分析结构必须具有科学性、合理性和清晰性。科学性是指分析

结构具有教育学、社会学、伦理学等社会科学理论基础,分析结果能被教育学、社会学和伦理学等社会科学学者广泛认可。合理性是指能够被理性群体普遍认知和认可。清晰性是指分析结构简单、明了,便于分析问题。

### (一)交往对象

在大学校园的物理空间内,大学生的交往对象主要是同学、教师和职工三类人群,这些人群处于同一学校的物理性空间和物理性空间之内的虚拟网络等场域之内。

从交往亲密程度分析,同学可以分为同寝室同学(注:寝室规模一般以四人和六人为主)、同班同学(注:一般以二十五人左右为一个班级)、一起上课的同学(注:一起参加专业课、公共课、选修课、讲座等课程学习的,皆可称为同学)、同时参加学校社团活动和体育活动的同学以及通过其他缘由产生互动关系的同学,等等。

教师分为教学和科研岗位的教师、学生工作的辅导员、其他行政和服务岗位的教师。

职工是指学校的清洁工、楼舍管理人员、食堂工作人员等服务于教师和学生日常生活的人员。

### (二)事件类型和典型事件

交往事件主要可以划分为学习事件和生活事件两个类型。大学生与同学和与教师交往过程中都有学习事件和生活事件。大学生与职工交往过程主要是围绕着生活事件。

大学生与同学交往过程中学习事件包括不浏览其他小组内部针对比赛作品思路的QQ聊天内容,不在同学学习时(教室里只有这位同学)大声说话、按照约定努力完成一项学科比赛,举报考试作弊的同学和帮助同学辅导功课等典型事件。

大学生与同学交往过程中生活事件包括不浏览同学和其对象的QQ聊天内容、不为了早起跑步设置手机闹铃,按照约定打扫寝室卫生,举报经常侮辱其他同学的同学和帮助同学打扫其他寝室卫生等典型事件。

大学生与教师交往过程中学习事件包括不浏览老师和其他出题老师的 QQ 聊天内容,不在老师学习时(教室里只有这位老师)大声说话,不中途放弃接受老师对校级学生项目的指导,举报抄袭学生作品的老师和帮助老师批改作业等典型事件。

大学生与教师交往过程中生活事件包括不浏览老师和其家人的 QQ 聊天内容,不在晚上 8 点后给任课老师打电话,按照约定打球,举报经常侮辱同学的老师和帮助老师擦拭黑板等典型事件。

大学生与职工交往过程中生活事件包括不浏览复印社老板和其家人的 QQ 聊天内容,不在晚上寝室封楼后敲宿舍管理员的门,按约定等待师傅维修寝室灯管,举报经常侮辱同学的食堂师傅和帮助楼道管理人员关灯等典型事件。

### (三)道德责任的利益取向

大学生与同学、教师、职工交往时应该遵守的道德责任可以分为不损他道德责任,不损互利道德责任和利他道德责任。

大学生损他时主要是要满足利己的需要,不损他而利己的道德责任要求大学生不能为了满足个人私欲而损害他人的合理合法权益。大学生不损他的道德责任包括不浏览其他同学小组内部针对比赛作品思路的 QQ 聊天内容,不在同学学习时(教室里只有这位同学)大声说话,不浏览同学和其对象的 QQ 聊天内容,不为了早起跑步设置手机闹铃,不浏览老师和其他出题老师的 QQ 聊天内容,不在老师学习时(教室里只有这位老师)大声说话,不浏览老师和其家人的 QQ 聊天内容、不在晚上 8 点后给任课老师打电话、不浏览复印社老板和其家人的 QQ 聊天内容,不在晚上寝室封楼后敲宿舍管理员的门。

损互利而利己使互利事件与纯利己事件发生矛盾,后一事件之中的利己程度大一些,从而导致有些大学生为了实现个人更大利益而舍弃互利事件中个人和他人利益。大学生不损互利而利己的道德责任包括按照约定努力完成一项学科比赛,按照约定打扫寝室卫生,不中途放弃接受老师对校级学生项目的指导,按照约定打球,按约定等待师傅维修寝室灯管。

利他包括举报他人和帮助他人,前者是制止或防止他人损害其他人的合法权益,后者是增加他人合法权益。在本书中,帮助他人是指主动帮助他人,而非被动帮助他人。制止同学侵犯其他人合法权益和增加他人合法权益,都是纯利他事件,但是纯利他事件可能伴随损己事件,在本书中,假设由于付出的代价十分微小,可以忽略不计损己部分。大学生损己而利他的道德责任包括举报考试作弊的同学和帮助同学辅导功课,举报经常侮辱其他同学的同学,帮助同学打扫其他寝室卫生、举报抄袭学生作品的老师和帮助老师批改作业,举报经常侮辱同学的老师和帮助老师擦拭黑板,举报经常侮辱同学的食堂师傅和帮助楼道管理人员关灯。

**(四)道德责任的层次**

与同学交往中,基本道德责任典型事件是学科比赛中无意听到其他小组作品思路,早起跑步不设置闹铃、按照约定努力完成一项学科比赛,按照约定打扫寝室卫生;超义务道德责任典型事件包括举报同学考试作弊、举报经常侮辱其他同学的同学,帮助同学辅导功课和帮助同学打扫其他寝室卫生。

与老师交往中,基本道德责任典型事件包括不在晚上8点后给任课老师打电话,不浏览老师和其他出题老师的QQ聊天内容,不中途放弃接受老师对校级学生项目的指导,按照约定打球,超义务道德责任典型事件包括举报老师抄袭学生作品、举报老师辱骂学生,帮助老师擦拭黑板和帮助老师批改作业。

与职工交往中,基本道德责任典型事件是不浏览复印社老板和其家人的QQ聊天内容,不在晚上寝室封楼后敲宿舍管理员的门和等待师傅维修寝室灯管;超义务道德责任典型事件是举报经常侮辱同学的食堂师傅,帮助楼道管理人员关灯。

大学生与同学、教师以及职工交往过程中典型的道德责任事件见表2-2。

设计原则：事件内容与交往对象、道德责任层次、事件类型、责任内容、利益取向等分别都具有可比性和对应性。以"不窃取他人隐私"为例，与同学、教师、职工交往中，事件都具有相似性，因此具有可比性。

需要再次强调的是：基本道德责任是必须履行的道德责任，在这里考虑研究的可行性，只选取了不窃取他人隐私，不打扰他人休息和守约。超义务道德责任只选取了举报他人和帮助他人，前者是制止他人侵犯其他人的合法权益，后者是增加他人的合法权益。基本道德责任典型事件中的遵守诚信都是互利事件，当互利事件与纯利己事件发生矛盾时，后一事件的利己程度更大一些。举报他人和帮助别人都是纯利他事件，纯利他事件可能带来损己成分，在这里，选取付出的代价十分微小，可以忽略不计的纯利他事件。

表 2-2　　　　　　　　校园内大学生典型的道德责任事件

| 交往对象 | 层次 | 事件类型 | 事件内容 | 责任内容 | 利益取向 |
| --- | --- | --- | --- | --- | --- |
| 同学 | 基本道德责任 | 学习 | 不浏览其他同学小组内部针对比赛作品思路的QQ聊天内容 | 不窃取他人隐私 | 不损他 |
| | | 生活 | 不浏览同学和其对象的QQ聊天内容 | 不窃取他人隐私 | 不损他 |
| | | 学习 | 不在同学学习时（教室里只有他时）大声说话 | 不打扰他人学习 | 不损他 |
| | | 生活 | 不为了早起跑步设置手机闹铃 | 不打扰他人休息 | 不损他 |
| | | 学习 | 按照约定努力完成一项学科比赛 | 守约 | 不损互利 |
| | | 生活 | 按照约定打扫寝室卫生 | 守约 | 不损互利 |
| | 超义务道德责任 | 学习 | 举报考试作弊的同学 | 见义勇为 | 利他 |
| | | 生活 | 举报经常侮辱其他同学的同学 | 见义勇为 | 利他 |
| | | 学习 | 帮助同学辅导功课 | 助人 | 利他 |
| | | 生活 | 帮助同学打扫其他寝室卫生 | 助人 | 利他 |

(续表)

| 交往对象 | 层次 | 事件类型 | 事件内容 | 责任内容 | 利益取向 |
|---|---|---|---|---|---|
| 老师 | 基本道德责任 | 学习 | 不浏览老师和其他出题老师的QQ聊天内容 | 不窃取他人隐私 | 不损他 |
| | | 生活 | 不浏览老师和其家人的QQ聊天内容 | 不窃取他人隐私 | 不损他 |
| | | 学习 | 不在老师学习时（教室里只有他时）大声说话 | 不打扰他人学习 | 不损他 |
| | | 生活 | 不在晚上8点后给任课老师打电话 | 不打扰他人休息 | 不损他 |
| | | 学习 | 不中途放弃接受老师对校级学生项目的指导 | 守约 | 不损互利 |
| | | 生活 | 按照约定打球 | 守约 | 不损互利 |
| | 超义务道德责任 | 学习 | 举报抄袭学生作品的老师 | 见义勇为 | 利他 |
| | | 生活 | 举报经常侮辱同学的老师 | 见义勇为 | 利他 |
| | | 学习 | 帮助老师批改作业 | 助人 | 利他 |
| | | 生活 | 帮助老师擦拭黑板 | 助人 | 利他 |
| 职工 | 基本道德责任 | 生活 | 不浏览复印社老板和其家人的QQ聊天内容 | 不窃取他人隐私 | 不损他 |
| | | 生活 | 不在晚上寝室封楼后敲宿舍管理员的门 | 不打扰他人休息 | 不损他 |
| | | 生活 | 按约定等待师傅维修寝室灯管 | 守约 | 不损互利 |
| | 超义务道德责任 | 生活 | 举报经常侮辱同学的食堂师傅 | 见义勇为 | 利他 |
| | | 生活 | 帮助楼道管理人员关灯 | 助人 | 利他 |

## 本章小结

道德责任是指从道德角度来说应该承担去做或不做某事的要求，以及承担因为去做或不做某事并产生不好后果从而进行补偿或弥补的要求。前者是事前道德责任，后者是事后道德责任。考虑两种道德责任的逻辑性存在一定程度的差异以及研究深度和可行性等问题，本研究中的道德责任只限于前者。校园内大学生道德责任是指在大学校园的物理空

## 第二章 道德责任的分析结构

间及其衍生的网络空间里,大学生在与教师、同学和职工进行互动时,根据社会主义核心价值观建立的道德规范,应该承担去做或不做某事的要求。

道德层面把一种行为确定为责任内容需要满足三个原则:善行原则、公正原则和理性原则。基于这三条原则,并且同时满足这三条原则,不侵犯他人合法权益,增加他人合法权益和制止或防止他人权益被侵犯等都是道德责任内容。

上述三类道德责任内容是有层次的,这不仅是解决现实生活中诸多争议问题的需要,也是理论研究的需要。根据康德的道德责任理论,道德责任可以划分为基本道德责任和超义务道德责任。学界也有一些同仁有着类似的划分。基本道德责任只包含不侵犯他人合法权益,可以进一步划分为不损他道德责任和不损互利道德责任。超义务道德责任包括增加他人合法权益和制止或防止他人合法权益被侵犯,典型的行为是帮助他人和举报他人。

根据柯尔伯格道德认知发展理论的思想,本书把道义判断、责任判断和道德行为作为量化道德责任水平的重要指标。道德责任水平是道德认知和道德行为的统一。评判道德责任水平的高低,不能只看道德行为结果,还应该对道德认知进行判断。知行一致且都处于较高水平,才能认为道德责任水平较高。柯尔伯格提出,责任判断是连接正确的道义判断和道德行为的桥梁。根据柯尔伯格的这个论断,本书提出,在道义判断转化为道德行为过程中,责任判断的作用力包括向上牵引力、向下牵引力、水平牵引力和失衡力。

基于上述分析,按照对象、交往事件的类型、道德责任的利益取向以及道德责任的层次四个维度构建、分析校园内大学生道德责任水平的基本分析结构。针对校园内具体的典型情境,根据大学生道义判断、责任判断和道德行为,获得校园内大学生道德责任水平。

# 第三章

# 校园内大学生道德责任现状的研究方法与过程

事物的观察最忌角度单一,因其易陷入"一叶障目"的窘境。一般地,当无法实现对物体全方位全视角观察时,物体的观察主要依赖于三视图,即从正面、侧面和上面进行观察,形成主视图、左(或右)视图和俯视图。三视图式观察避免了一视图的缺陷,也减少了六视图的繁杂琐碎,相对客观地描绘出事物的整体形态和典型特征。

校园内大学生道德责任现状研究方法的选择,以问卷调查法为主,以师生访谈法和实验仿真法为辅助。三个研究方法从三个最主要的角度进行研究,以期获得相对客观和准确的研究结果。由于本书逻辑起点是校园内大学生道德责任及其分析结构,实证研究的首要目的之一是检验该分析结构的实践效果,问卷调查的设计充分体现了该分析结构。

需要注意的是,预研究的道德责任水平既是实然的,也是应然的。大学生填写调查问卷时,对于具体情境的道义判断和责任判断,能够基本反映出真实的道德认知水平。道德行为的真实情况不可能通过问卷反映出来,而必须通过实际的多次观察,反复确认。即便如此,也可以表示出"意向性"的道德行为。尽管这种意向性的道德行为实然情况可能受各种因素的影响,发生一定幅度的变向,但是,得到这种意向性的道德行为也是非常有价值的。根据真实的道德认知和意向性的道德行为,获得道德责任的"应然"水平,能够在较大程度上体现"实然"水平。

此外,通过访谈教师,获得教师视角下大学生道德责任现状评价和原因分析。通过访谈学生,了解大学生面对具体道德情境时细致的道义判断和责任判断的思维逻辑,以及与道德行为的关系,结果有助于修正道德责任的"应然"水平,使问卷调查的数据结果更能接近"实然"水平。

仿真实验法主要是针对某一个调查结果做进一步的演化推演。因为无论是问卷调查还是师生访谈,获得的都是即时性的当下情况,无法对群体道德责任状态做一个未来的预测,更不能给出一个关键性的数据变化节点。仿真实验法的应用,有利于解决问卷调查和师生访谈不能解决的上述难题。仿真实验将对校园内大学生道德责任水平的研究起到有意义的补充性作用。

## 一、问卷调查法

### (一)问卷调查的研究目的

问卷调查的主要研究目的是:在校园学习和生活中,大学生与同学、教师和职工等不同人群交往过程中的道德责任状态。前面已经强调过,道德责任包括道德责任认知和道德责任行为两部分。道德责任认知又分为道义判断和责任判断。道德责任是针对具体道德情境的道义判断、责任判断和道德行为的统一状态。道德责任状况包括:基本道德责任和超义务道德责任的差异情况,基本道德责任里不损互利道德责任和不损他人道德责任的差异情况,超义务道德责任里帮助他人道德责任和举报他人道德责任的差异情况,学习方面道德责任和生活方面道德责任的差异情况,与同学、与教师、与职工交往过程中道德责任的差异情况,责任判断在从道义判断到道德行为过程中的作用,大学生身份特征对上述差异情况的影响。检验责任判断在从道义判断到道德行为过程中的作用,即验证柯尔伯格的论断"责任判断是正义和公正的道义判断通往道德行为的桥梁"。

前面已做说明,由于大学生道德责任的"实然"状况不可能通过问卷调查获得,大学生问卷填写的结果体现了大学生对"应然"道德责任的认知。柯尔伯格的研究表明,学生"实然"道德责任至少落后"应然"道德责任一个或两个阶段。因此,在理解问卷调查数据结果时,不能停留在可能已经虚高的数据结果上,应该至少向下修正一个或两个阶段。本书认为,整体来看,"应然"状况中前述差异情况和"实然"状况中前述差异情况是相同的,问卷调查能够实现预期的研究目的。

### (二)问卷调查的方法设计

#### 1. 问卷调查的关注点

关注点之一:人际关系对大学生道德责任水平的影响程度是否达到了统计学意义上的显著性水平。一般而言,当人际关系很好或一般时,大学生履行道德责任的状况会出现变化,但是这种变化出现在哪些方面?不同身份特征的大学生是否会有不同变化特征?

关注点之二:检验本书构建的道德责任层次结构的实践效果。同一划分标准之下,两个道德责任水平之间是否呈现出差异状况,并且这种差异状况是否符合我们日常的认知、经验和主观感觉?如果数据呈现的差异状况符合我们日常的认知、经验和主观感觉,这就说明本书构建的道德责任层次结构是有效的,通过了实践检验,可以进一步推广使用。

关注点之三:验证柯尔伯格的重要判断。在正义的道义判断转化成道德行为的过程中,大学生责任判断是否起着非常明显的桥梁性作用?

关注点之四:从大学生身份特征角度进行分析,校园内大学生道德责任水平有哪些影响因素。大学生的性别、年级、学校层次、城乡差异、班级职务、学习成绩、是否独生子女、地域差异等身份特征对大学生道德责任水平是否有着显著性影响?

#### 2. 问卷编制的过程

首先,研读道德责任方面的各种文献,设计问卷的研究维度,并咨询一位道德研究方面的权威专家,得到专家的认可。其次,根据问卷的研究维度,设计问卷问题。然后,围绕问题情境的典型性问题,与 11 名本科生进行反复交流,修改完善后,再请前述的专家进行鉴定,并根据其建议进一步修改完善。随后,选取几十名大学生进行问卷初测。根据初测结果进一步修改问卷,再扩大样本测试,直到问卷测试效果符合预期研究目标。至此,问卷编制正式完成。这个过程持续了一年多时间。

需要特别指出的是,本研究采取的是研究维度和问卷编制同步进行,上述过程是一个不断循环、交叉进行的过程。在这个过程中,围绕研究内容,本书作者分别与道德研究方面的权威专家和 11 名普通本科生进行了反反复复的交流,最后呈现的调查问卷得到了这位权威专家和 11 名本科生的充分认可。

### 3.问卷项目的基本情况

问卷题目的基本情况见表 3-1。

表 3-1　　　　　　　　问卷题目的基本情况

| 类型 | 事件类型 | 对应的题目 |
| --- | --- | --- |
| 个人情况 | — | 1~7 |
| 与同学交往 | 学习事件 | 8、10、12 |
| | 生活事件 | 9、11、13 |
| 与教师交往 | 学习事件 | 14、16、18 |
| | 生活事件 | 15、17、19 |
| 与职工交往 | 生活事件 | 20、21、22 |

1~7 题分别是关于被调查者的性别、年级、城乡、是否独生子女、省份、是否担任过班干部、是否获得奖学金等信息。此外,被调查者所在学校层次和学科性质,由被调查者的辅导员统一填写。

学习事件和生活事件都包括三个事件,分别对应着利他事件、互利事件和利己事件。8~22 题,每个题目都包括三个子问题:一是针对应该去做或者不做某事的道义判断进行设计；二是针对应该去做或者不做某事的责任判断进行设计；三是针对道德行为进行设计。

为了减少行为动机中掺杂个人利益或未来恩惠期待等因素，尽量保证行为动机是出于康德强调的纯粹"义务心"，在调查问卷前面的注意事项中增加了一句话："在决定是否应该帮助别人或遵守约定做某事时，以及决定是否会做某事时，不要考虑情境中未提及的其他个人利益或未来恩惠，等等。"

为了研究人际关系对大学生行为选择的影响效果，一部分问卷注意事项的第一句话是"注意1：假设你和以下情境中所提及的主要人物的关系都一般，请牢记这点"。另一类问卷注意事项的第一句话是"注意1：假设你和以下情境中所提及的主要人物的关系都很好，请牢记这点"。关键词被加粗并且加着重号，以起到强烈提示性作用。具体访谈提纲见附录一。

### (三)问卷收集和数据处理

#### 1. 研究对象的选取

出于研究对象的代表性和研究便利考虑，本书选择了某市 A、B 和 C 三所本科高校的大学生作为调查问卷的发放对象，其中，A 为公立师范本科高校，B 为公立理工科本科高校，A 和 B 都是省属重点本科高校，C 为民办本科高校。为了增加对比的有效性，调查专业限定于 B 和 C 两所高校的交通运输专业、A 和 C 两所高校的会计专业和信管类专业，涵盖大一到大四所有学生。问卷调查并未抽样，而是被选取专业学生全部填写问卷。选择的理由是这三个专业分别属于工科、理科和文科，在各所高校招生人数都较多，满足数据分析需要。

#### 2. 问卷的发放与回收情况

为了保证被调查对象尽可能认真填写问卷，由被调查专业的团委书记和辅导员主持问卷的发放和回收工作，研究者负责指导工作。同一学校里,同一专业同一年级的学生随机分成但不要求必须相等的两部分,一部分学生填写标注"关系都一般"的问卷,另一部分学生填写标注"关系都很好"的问卷。问卷发放的时间是 2017 年 9 月 15 日—12 月 7 日。发放问卷 3 900 份,回收问卷 3 603 份。建立鉴定无效问卷的标准,出现下面至少一种情况,则认定该份问卷无效:至少存在一个漏选选项;连续 5 个问题的选项结果一样;某页选项结果呈现明显的规律性,例如 1 和 2 交替选择。对回收的问卷逐一甄别,最终确定有效问卷 2 886 份,无效问卷 817 份,问卷有效率为 80.1%。对全部有效问卷进行编码,录入 SPSS 18.0 中。各种关系下样本分布的情况见表 3-2。

表 3-2　　　　　各种关系下样本分布的基本情况　　　　　单位:人

| 身份特征 | 样本特征 | 关系一般 | 关系很好 | 合计 |
| --- | --- | --- | --- | --- |
| 层次 | 省重点高校 | 973 | 675 | 1 648 |
| | 民办高校 | 518 | 720 | 1 238 |
| 性别 | 男生 | 657 | 672 | 1 329 |
| | 女生 | 834 | 723 | 1 557 |
| 年级 | 大一 | 457 | 549 | 1 006 |
| | 大二 | 305 | 334 | 639 |
| | 大三 | 406 | 398 | 804 |
| | 大四 | 323 | 114 | 437 |
| 学科 | 文科 | 230 | 338 | 568 |
| | 工科 | 1 041 | 689 | 1 730 |
| | 理科 | 220 | 368 | 588 |
| 城乡 | 城镇 | 879 | 865 | 1 744 |
| | 农村 | 612 | 530 | 1 142 |
| 班级职务 | 班干部 | 657 | 616 | 1 273 |
| | 群众 | 767 | 757 | 1 524 |
| 学习成绩 | 较好 | 335 | 279 | 614 |
| | 一般 | 742 | 683 | 1 425 |
| 是否独生子女 | 是 | 910 | 833 | 1 743 |
| | 不是 | 581 | 562 | 1 143 |

(续表)

| 身份特征 | 样本特征 | 关系一般 | 关系很好 | 合计 |
|---|---|---|---|---|
| 南北方 | 北方 | 1 104 | 1 026 | 2 130 |
| | 南方 | 387 | 369 | 756 |

注：1. 班级职务部分，"班干部"指该学生入大学后，至少担任过一次学生干部，否则，视其为"群众"。

2. 学习成绩部分，"较好"指该学生获得过学业奖学金，"一般"表示该学生没有获得过学业奖学金。由于问卷发放时，大一学生刚刚入学，还未参评学业奖学金，该部分只统计大二、大三和大四学生自大学入学至填写问卷期间是否至少获得一次学业奖学金。

3. 问卷中，问题5是被调查者选择自己来自哪个省份。根据被调查者选择的结果，对被调查者进行区域划分。南方包括江苏、安徽、湖北、重庆、四川、西藏、云南、贵州、湖南、江西、广西、广东、福建、浙江、上海、海南和台港澳；北方包括山东、河南、山西、陕西、甘肃、青海、新疆、河北、天津、北京、内蒙古、辽宁、吉林、黑龙江和宁夏。

4. 部分被调查者没有填写班级职务和学习成绩情况，由此产生了个别数据缺失。

### 3. 问卷的信度与效度分析

对问卷道德责任问题进行信度分析，可靠性统计量的值均在 0.95 以上，说明问卷各题项得分间的内在一致性非常高，问卷问题设置比较理想。问卷信度分析结果见表 3-3。

表 3-3　　　　　　　　　问卷信度分析结果

| Cronbach's Alpha 值 | 基于标准化项的 Cronbach's Alpha 的值 | 项数 |
|---|---|---|
| 0.892 | 0.889 | 75 |

问卷效度主要采用逻辑分析和结构效度分析。一名权威的德育专家仔细阅读了最终版本的调查问卷，认为问题设置符合测量的目的和要求。对问卷进一步做 KMO 和 Bartlett 检验，结果显示，Kaiser-Meyer-Olkin 度量的值为 0.916，Bartlett 的球形度检验的 $P=0.000$。综合逻辑分析和结构效度分析结果显示，调查问卷具有较高的效度。

### 4. 均值检验方法的选择

在数据分析过程中，遵循以下流程：对所要分析的数据进行方差齐性和正态分布检验，对于满足方差齐性和正态分布的数据进行 T 检验，否则使用非参数检验。

在非参数检验中,两个独立样本检验时,首选卡方检验,其次用 K-S (Kolmogorov-Smirnov)检验,两配对样本非参数检验时用 Wilcoxon 符号平均秩检验。

**5. 责任判断牵引力的计算方法**

在某一个关系下,道义判断分别等于责任判断和道德行为的样本数量,为 $a$,道义判断分别小于责任判断和道德行为的样本数量,为 $b$,道义判断分别大于责任判断和道德行为的样本数量,为 $c$,其他情况的样本数量为 $d$,那么,责任判断的水平牵引力 $F1=a/(a+b+c+d)$,责任判断的向上牵引力 $F2=b/(a+b+c+d)$,责任判断的向下牵引力 $F3=c/(a+b+c+d)$,责任判断的失衡力 $F4=d/(a+b+c+d)$。

为了方便、快捷地统计 2 886 份样本数据在各种条件下的责任判断牵引力,编写 MATLAB 程序,见附录四。

### (四)问卷调查的预期不足与改进措施

**1. 预期不足**

预期不足之一,调查问卷不涉及道德环境里一些可能对认知和行为有影响的指标变量。这些指标变量包括个体亲社会的程度、学校道德氛围等。

预期不足之二,问卷调查研究仅是一个即时判断,在对责任判断"桥梁作用"做出肯定性验证的时候,不能做出动态性的判断。由于责任判断对道德行为失衡力的存在,责任判断并非唯一"桥梁",那么,经过若干时间之后,责任判断"桥梁作用"是否会进一步弱化甚至被边缘化?从另一个角度来说,责任判断对道德行为失衡力的范围是否会影响大学生群体在校园里道德责任的未来发展状态?这些问题是调查问卷无法解答的。

预期不足之三,问卷调查的数据和分析结果仅仅从静态层面反映了一些指标的数字特征,却不能揭示背后的原因。

预期不足之四,部分大学生可能不能完全客观地回答问卷,不同程度地夸大自身对一些情境的道义判断、责任判断和道德行为。

**2. 改进措施**

针对预期不足之一和之二,使用仿真实验:观察道德环境里几个重要指标变量对道德责任认知和行为脱节的影响情况;调试责任判断对道德行为失衡力的不同范围,观察大学生群体在校园里道德责任的未来发展状态。

针对预期不足之三和之四,使用访谈法,对师生进行访谈。深入倾听大学生对一些应该去做或不应该去做某事的想法,全面深入地了解大学生道义判断、责任判断和道德行为的思维逻辑。通过了解大学生对一些问题的观点和实际行为,深入诠释大学生真实的道义判断和责任判断,修正问卷调查的不足之处,进一步了解大学教师眼中的大学生道德责任表现,大学教师给出的观感和评价,有助于从"他者"角度相对客观地评价大学生的道德责任状况。

此外,在问题分析过程中,还需要借助已有文献的研究成果,应用相关理论,针对校园内大学生道德责任的一些特征进行分析。

## 二、仿真实验法

### (一)仿真实验的研究目的

研究目的之一,设计一个仿真实验,围绕调查问卷的一个重要研究结论,进一步验证责任判断"桥梁作用"的稳定性。在道义判断转变成道德行为过程中,责任判断失衡力范围对群体履行道德责任的演化特征。

研究目的之二,设计第二个仿真实验,在不限定责任判断失衡力范围的情况下,考察不负责诱惑、社会成本系数和群体的集聚程度对大学生承担道德责任的影响程度。

需要强调的是,履行道德责任是指已经在道义判断时认为"应该有人去做",责任判断时认为"我应该去做",也呈现出来道德行为"我去做了"。概括而言,履行道德责任就是指"我应该去做",并且"我去做了"。承担与履行意思相同。履行道德责任包含在道德责任水平之中。道德责任水平是"应该有人去做""我应该去做"和"我去做了"三个量化指标的综合,也就是说,道德责任水平是道义判断、责任判断和道德行为三个方面的综合情况。履行道德责任简称负责。

### (二)仿真实验的基本思想

**1. 无标度网络**

马克思认为,人是一切社会关系的总和。在校园生活中,学生之间、师生之间不停地互动,形成各种网络。在大部分人际互动网络中,少数人非常活跃,与其互动的人数较多,而大部分人相对不够活跃,与其互动的人数相对较少。这种情况符合 Zipf 定律,即二八定律,20%的人主导着80%的人际互动。上述复杂网络就是无标度网络。具体而言,无标度网络(scale-free network)是度分布符合幂律分布的复杂网络。无标度特性的意义之一在于认识到网络的结构和演化不可分割,即真实的网络是动态的而非静态的,网络处在不断的变化之中。①

**2. 博弈演化**

演化博弈论(Evolutionary Game Theory)不是把人看作完全理性的博弈者,而是认为人类行为是通过反复试错并逐渐达到博弈均衡。在重复博弈中,由于没有哪一个行动一定是最后一次行动,所以局中人必须总是要考虑到其目前的行动对其余局中人将来的行动和信息所可能产生的影响。这种考虑可能会让局中人在重复博弈中比在局中人知道他们的关系何时结束的有限博弈中更加紧密合作或更加好战。② 博弈均衡的形成是文化传统和情境变化等多种因素综合影响的结果,是参与人不断权衡博弈收益且不断选择博弈策略逐渐形成的一种较为稳定的状态。

---

① 史定华. 无标度网络:基础理论和应用研究[J]. 电子科技大学学报,2010(5):644-650.
② [美]罗杰·B.迈尔森. 博弈论:矛盾冲突分析[M]. 于寅,费剑平,译. 北京:中国人民大学出版社,2015:212.

## (三)仿真实验的过程

### 1. 基本模型

囚徒困境模型(Prisoner's Dilemma Game)是博弈论最经典的例子。两个犯罪嫌疑人被警察抓住,被分别关押和审讯,并被告之:如果自己主动坦白交代,而另一个犯罪嫌疑人拒绝坦白交代,自己将免于刑事处罚;如果另一个犯罪嫌疑人主动坦白交代,而自己拒绝坦白交代,自己将被处以最重的处罚;如果两人都主动坦白交代,两人均将被处以较重处罚;如果两人都不坦白交代,警察因为缺少有力证据,只能对两人处以较轻处罚。

牡鹿捕捉模型(Hunt Stag Game)源自法国卢梭在《论人类不平等的起源和基础》中讲述的狩猎者两难问题[①]。两个人一起狩猎,如果一起捕捉牡鹿,则自己的收益最多;如果自己放弃捕捉牡鹿而去捕捉兔子,但是另一人去捕捉牡鹿,则自己的收益较多;如果两人都放弃捕捉牡鹿而去捕捉兔子,则自己的收益较少;如果自己捕捉牡鹿而另一人去捕捉兔子,则自己的收益最少。

大学生选择主动承担责任或拒绝承担责任,一个重要的原因是自己预期的最大化收益。大学生决定是否承担责任时会考虑其他学生(或教师)的行为和各种可能结果,估计预期获得的利益和损耗的利益,权衡利弊得失。由此可见,囚徒困境模型和牡鹿捕捉模型可以在一定程度上用来描述大学生在人际交往过程中责任承担的博弈。

### 2. 模型假设

假设之一,博弈收益涵盖物质和精神等方面的各种可能收益,例如自我心灵的安慰和满足、人际关系的增进、舆论的好评、物质方面的奖励等等。在一定程度上,博弈收益可以进行主观性比较和量化。

---

① [美]朱·弗登博格,[法]让·梯若尔.博弈论[M].黄涛,等,译.北京:中国人民大学出版社,2015:3.

# 第三章　校园内大学生道德责任现状的研究方法与过程

假设之二,社会舆论和以往的各种可能结果会对大学生道义判断、责任判断和道德行为产生影响,这些影响构成了社会关系成本系数。

假设之三,大学生之间、师生之间的互动会影响大学生道德责任水平。

## 3. 模型参数

表 3-4　　　　　　　　博弈矩阵

|   |   | B | |
|---|---|---|---|
|   |   | 负责 | 不负责 |
| A | 负责 | $R$ | $S$ |
|   | 不负责 | $T$ | $P$ |

表 3-4 中,A 代表校园中的一名大学生,B 代表校园中的另一名大学生(或教师,或职工)。

$R$、$T$、$P$、$S$ 是博弈过程中 A 和 B 采取行动后的可能收益。

$a$ 为社会关系成本系数,$a$ 值越大,表示越需要考虑社会成本;$a$ 值越小,表示越不需要考虑社会成本。

$q$ 为无标度网络的集聚系数,代表生生之间、生师之间的互动和紧密程度。互动网络中个体的数量根据后面的参数而定。$q$ 值越大,表示集聚水平越高,即网络集团化程度越高。

博弈过程中,博弈者 A 与 B 都有负责和不负责两个博弈策略。观察博弈过程中博弈者 A 的收益情况。对于博弈者 A 来说,如果 A 选择负责而 B 也选择负责,那么博弈者 A 的收益是 $R$;如果 A 选择负责而 B 选择不负责,那么博弈者 A 的收益是 $S$;如果 A 选择不负责而 B 选择负责,那么博弈者 A 的收益是 $T$;如果 A 选择不负责而 B 也选择不负责,那么博弈者 A 的收益是 $P$。根据牡鹿捕捉模型和囚徒困境模型的博弈收益情况,当 $R>T>P>S$ 时,博弈矩阵是牡鹿捕捉模型;当 $T>R>P>S$ 时,博弈矩阵是囚徒困境模型。

为了构造牡鹿捕捉模型和囚徒困境模型,我们选取以下模型参数:

$R=3, S=-1, P=0, T$ 是 0.5 到 5 的一个变量;当 $T$ 值在 0.5 到 3 之间变化时,模型为牡鹿捕捉模型;当 $T$ 值在 3 到 5 之间变化时,模型为囚徒困境模型。

$a$ 值变化范围是 0 到 1,当 $a=1$ 时,表示模型需要完全考虑社会成本;当 $a=0$ 时,表示模型需要完全不考虑社会成本。

$q$ 值变化范围是 0 到 1。

### 4. 模型仿真的规则

根据以上的模型描述和参数设置,借鉴谢逢洁(2016 年)著作《复杂网络上的博弈》中的仿真实验思想,参考并适当修改其 MATLAB 程序,构建无标度网络进行仿真实验。模型仿真的规则如下:无标度网络由 100 人集聚而成,每个博弈者与其所有邻居进行重复博弈,总的博弈次数为 1 100 次。在重复博弈的初始时刻,个体随机选择负责或不负责作为首次博弈的策略。博弈某一时刻负责者密度是负责者占群体总人数的比例。博弈者 $i$ 按照下面的公式计算第 $n$ 次博弈收益。

$$\overline{P}_i = aP_i + (1-a)\frac{P_i}{k_i}$$

$$P_i = \sum_{j \in \Omega_i} \pi(s_i, s_j)$$

$\Omega_i$ 是个体 $i$ 在网络结构中的邻居集合,$s_i$ 是个体 $i$ 在某时刻的策略向量,$k_i$ 是个体 $i$ 的邻居数量。$\pi(s_i, s_j)$ 是个体 $i$ 和个体 $j$ 在同一时刻分别选择策略 $s_i$ 和 $s_j$ 后个体 $i$ 的博弈收益。$P_i$ 表示个体 $i$ 与其所有邻居分别博弈后的收益总和。博弈者 $i$ 根据一定的策略更新规则进行策略调整。策略更新规则:博弈者 $i$ 随机地选择一个相邻者,比较两人的博弈收益。如果大于后者,即 $\overline{P}_i > \overline{P}_j$,则坚持选择原来的策略;如果小于等于后者,即 $\overline{P}_i \leqslant \overline{P}_j$,则按照下面规则 $\Gamma$ 更新自己的策略 $s_i$,选择这个相邻者的策略 $s_j$。[①]

---

[①] 谢逢洁.复杂网络上的博弈[M].北京:清华大学出版社,2016:3.

# 第三章　校园内大学生道德责任现状的研究方法与过程

$\Gamma$：令 $\alpha_i = \dfrac{\overline{P_j} - \overline{P_i}}{(1-a) \cdot T + a \cdot T \cdot \max(k_i, k_j)}$，当 rand(1) $\leqslant \alpha_i$ 或 $0 \leqslant \alpha_i \leqslant \beta_i$ 时，更换规则成立。

$\overline{P_i}$ 和 $\overline{P_j}$ 分别是个体 $i$ 和个体 $j$ 在博弈中的收益。$\max(k_i, k_j)$ 表示个体 $i$ 和个体 $j$ 的邻居数量中的较大值。$[0, \beta_i]$ 是 $\alpha_i$ 的取值范围，是道德责任失衡力的范围。rand(1) 是随机生成的一个 0 到 1 之间的实数。$\alpha_i$ 是个体 $i$ 更新策略后增加的收益与不负责加权诱惑的相对增加率，即每增加一个单位的不负责加权诱惑力，个体 $i$ 会因为更新策略而增加收益的数量。

规则 $\Gamma$ 体现了个体 $i$ 选择是否负责时会权衡利益得失（用 $\alpha_i$ 表示），也有权衡的限定范围（用 $[0, \beta_i]$ 表示），此外，也有非理性因素，例如临时的感觉、一时的冲动。大学生非理性随机行为选择 rand(1) 应该弱于理性的权衡抉择 $\alpha_i$，因此 rand(1) $\leqslant \alpha_i$。

博弈不断反复进行，随着仿真时间不断变化，逐渐达到一个动态平衡。对于固定的网络参数和博弈参数，负责者密度和负责者平均收益的结果取 10 次循环运行结果的均值。

**5. 仿真实验的关注点**

博弈演化过程中，关注点主要是观测负责者密度、负责者平均收益和不负责者平均收益三项指标的变化趋势。负责者密度是负责者占网络人群总体的比例。负责者平均收益是所有负责者的收益与负责者总体的比例。不负责者平均收益是所有不负责者的收益与不负责者总体的比例。前面已述，收益涵盖物质和精神等方面的各种可能收益，例如自我心灵的安慰和满足、人际关系的增进、舆论的好评、物质方面的奖励等。假设收益可以进行主观性比较和量化。

### （四）仿真实验的预期不足与改进措施

**1. 预期不足**

预期不足之一，仿真实验的预期研究结果将会揭示不负责诱惑、社会成本系数和群体的集聚程度对大学生履行道德责任的影响程度,验证责任判断的"桥梁作用"的稳定性程度,但是却不能揭示现象背后的原因,仍然需要结合其他研究结果进行佐证和解释。

预期不足之二,仿真实验的规则设计不能做到全面和细致,参数值有限。在现有相对简单的程序规则基础上,略微提高参数的容量,计算机运行速度也会极其明显地降低速度。即便是在现有粗糙简单的条件下,运行一次 MATLAB 程序也需要半个小时。仿真实验的规则和参数反反复复修改和调试,修改和调试一次,运行一次程序。至少要经过几百次调试,才能初步确定最终的程序规则和参数。确定仿真程序规则和参数后,微调某个参数取值,运行程序,得到一组数据。整个仿真实验过程耗时近千小时。

### 2. 改进措施

针对预期不足之一,对仿真结果进行分析过程中,借助已有文献的研究成果,应用相关理论,对仿真结果进行原因分析。对于超出预期又无法解释的情况和一些实验的不足情况,坦诚指出。

针对预期不足之二,尽量使用配置较高、性能较强的笔记本电脑,卸载笔记本电脑里很少使用的软件,运行程序时,停止电脑的其他操作。总之,尽可能提高电脑的运行速度。

虽然仿真实验的硬件条件有限,仿真效果不是特别理想,但是仿真结果基本满足了预期的研究目标。整个仿真实验大体上是成功的。

## 三、师生访谈法

### (一)师生访谈的研究目的

通过对部分大学生进行访谈,我们能深入倾听大学生对一些"应该去做或不应该去做"事情的想法。大学生对一些问题的个人观点阐释,有助于我们深入诠释大学生真实的道义判断和责任判断。大学教师给出的观

# 第三章 校园内大学生道德责任现状的研究方法与过程

感和评价,有助于我们从"他者"角度相对客观地评价大学生的道德行为。通过师生访谈,我们能获得相对真实的校园内大学生道德责任"实然"水平。

### (二)师生访谈的设计

#### 1. 师生访谈的关注点

关注点之一,修正问卷调查的数据结果。问卷调查的数据结果可能存在一定程度的虚高水分。例如,一些大学生虽然不认同应该主动帮助他人和举报他人违规,但是在填写问卷时可能选择"不确定"和"倾向于"认同。访谈过程中,大学生可能会呈现出更多真实的想法和行为选择。根据访谈的结果,可以对问卷调查的数据结果做出向下或向上修正的幅度。

关注点之二,揭示大学生道义判断、责任判断和道德行为的思维逻辑。

关注点之三,展示大学教师眼中的大学生道德行为状况、背后的原因及教育对策。

#### 2. 师生访谈的主要内容

学生部分,访谈旨在揭示学生对日常生活和学习中道德责任事件的理解。访谈提纲的形成过程:首先,邀请3名大学生一边填写调查问卷,一边对其选择进行解释;其次,根据初次访谈效果,修改和缩减调查问卷内容,形成最终版本的访谈提纲。访谈的内容主要包括四个方面:学生对道义判断、责任判断和道德行为的理解和选择;不同层次道德责任的差异性表现;不同交往对象道德责任的差异性表现;抑制大学生不负责任、提升大学生在校园里的负责任水平的措施和办法。具体访谈提纲见附录二。

对教师进行访谈研究,有助于从教师角度对前面调查问卷的数据结果进行深层次分析,揭示数据结果背后的原因。访谈旨在揭示令大学教师印象深刻的大学生不负道德责任的事情、原因和对策。具体而言,主要包括四个方面:一是令大学教师印象深刻的大学生不负道德责任的事情;

二是大学生不负道德责任的原因;三是大学教师对提升大学生道德责任的对策建议;四是令大学教师印象深刻的大学生负道德责任的例子和原因。具体访谈提纲见附录三。

### (三)师生访谈的过程

#### 1. 被访谈对象的选取

学生部分,本研究选取的访谈对象分为两个群体:一个群体是私立高校学生,共计13人;另一个群体是公立高校学生,共计14人。私立高校学生是从研究者任教过的学生中随机选取的。除了2人是通过校园招募联系到的,其他公立高校学生都是通过研究者任教过的学生联系的,都是省外高校学生。见表3-5。

表 3-5　　　　　　　　被访谈学生的基本情况

| 编号 | 性别 | 高校 | 学科类别 | 年级 | 编号 | 性别 | 高校 | 学科类别 | 年级 |
| --- | --- | --- | --- | --- | --- | --- | --- | --- | --- |
| XG1 | 女 | NMGKJ 大学 | 工科 | 大一 | XS1 | 女 | DL 学院 | 文科 | 大一 |
| XG2 | 男 | BJHG 大学 | 工科 | 大一 | XS2 | 男 | DL 学院 | 文科 | 大一 |
| XG3 | 女 | BMG 师范大学 | 文科 | 大一 | XS3 | 女 | DL 学院 | 文科 | 大一 |
| XG4 | 女 | WZ 学院 | 文科 | 大二 | XS4 | 女 | DL 学院 | 文科 | 大二 |
| XG5 | 女 | NJ 邮电大学 | 文科 | 大二 | XS5 | 女 | DL 学院 | 文科 | 大三 |
| XG6 | 女 | QZ 学院 | 文科 | 大二 | XS6 | 女 | DL 学院 | 理科 | 大三 |
| XG7 | 女 | CQ 师范大学 | 文科 | 大二 | XS7 | 男 | DL 学院 | 文科 | 大三 |
| XG8 | 女 | LN 师范大学 | 文科 | 大三 | XS8 | 女 | DL 学院 | 文科 | 大三 |
| XG9 | 女 | LN 师范大学 | 文科 | 大三 | XS9 | 男 | DL 学院 | 文科 | 大三 |
| XG10 | 女 | NMG 工业大学 | 理科 | 大三 | XS10 | 男 | DL 学院 | 理科 | 大四 |
| XG11 | 男 | NB 大学 | 理科 | 大三 | XS11 | 男 | DL 学院 | 理科 | 大四 |
| XG12 | 男 | DL 大学 | 理科 | 大四 | XS12 | 女 | DL 学院 | 理科 | 大四 |
| XG13 | 男 | GY 中医学院 | 理科 | 大四 | XS13 | 男 | DL 学院 | 理科 | 大四 |
| XG14 | 男 | DL 大学 | 理科 | 大四 | | | | | |

注:编号 XG 是学生和公立高校(xuesheng & gongli),表示其是公立高校学生。XS 是学生和私立高校(xuesheng & sili),表示其是私立高校学生。

教师部分，本研究选取的访谈对象分为两个群体：一个群体是公立高校教师，共计12人，另一个群体是私立高校教师，共计12人。私立高校教师都是研究者的同事，公立高校教师都是研究者非常熟悉的朋友，所选择的被访谈教师都能够表达出来一些真实的感受和观点，见表3-6。

表 3-6　　　　　　　　被访谈教师的基本情况

| 编号 | 性别 | 高校 | 学科类别 | 职称 | 行政级别 | 编号 | 性别 | 高校 | 学科类别 | 职称 | 行政级别 |
| --- | --- | --- | --- | --- | --- | --- | --- | --- | --- | --- | --- |
| JG1 | 男 | DL大学 | 文科 | 教授 | 处级 | JS1 | 女 | DL学院 | 理科 | 副教授 | 处级 |
| JG2 | 女 | LN师范大学 | 文科 | 教授 | 科级 | JS2 | 女 | DL学院 | 文科 | 副教授 | 科级 |
| JG3 | 女 | DL交通大学 | 工科 | 教授 | 科级 | JS3 | 女 | DL学院 | 文科 | 副教授 | 科级 |
| JG4 | 男 | SY师范大学 | 文科 | 副教授 | 处级 | JS4 | 女 | DL学院 | 文科 | 副教授 | 科级 |
| JG5 | 男 | DL交通大学 | 理科 | 副教授 | 科级 | JS5 | 女 | DL学院 | 文科 | 副教授 | 无 |
| JG6 | 男 | CQ师范大学 | 理科 | 副教授 | 无 | JS6 | 女 | DL学院 | 理科 | 副教授 | 无 |
| JG7 | 男 | XY师范学院 | 文科 | 副教授 | 无 | JS7 | 女 | DL学院 | 文科 | 副教授 | 无 |
| JG8 | 女 | CC职业学院 | 文科 | 副教授 | 科级 | JS8 | 女 | DL学院 | 文科 | 副教授 | 无 |
| JG9 | 女 | LN师范大学 | 文科 | 副教授 | 无 | JS9 | 女 | DL学院 | 理科 | 副教授 | 无 |
| JG10 | 女 | CQ工商大学 | 理科 | 副教授 | 无 | JS10 | 男 | DL学院 | 理科 | 副教授 | 无 |
| JG11 | 男 | BC师范学院 | 理科 | 讲师 | 科级 | JS11 | 女 | DL学院 | 理科 | 讲师 | 无 |
| JG12 | 男 | HEB商业大学 | 理科 | 讲师 | 无 | JS12 | 男 | DL学院 | 理科 | 讲师 | 无 |

注：编号JG是教师和公立高校(jiaoshi & gongli)，表示其是公立高校教师。JS是教师和私立高校(jiaoshi & sili)，表示其是私立高校教师。

## 2. 访谈资料的收集与整理

学生部分，访谈时间是2018年3月到10月，共对27名大学生进行了访谈。研究者对招募到的两名公立高校大学生和一名本人熟识的私立高校大学生进行一对一的现场访谈，每次访谈大约一小时。访谈后，研究者把录音内容进行笔录，整理成电子文本。研究者对其他大学生进行书面访谈，即通过邮箱把访谈提纲发送给对方，邀请对方结合自身真实情况和认知，回答提纲中的每一个问题。研究者根据访谈设计对访谈结果的文本资料进行分析和编码。

教师部分,访谈时间是 2018 年 3 月到 9 月,共对 24 名大学教师进行了访谈。研究者把访谈提纲发送给被访谈教师,邀请对方结合自身真实情况和认知,回答提纲中的每一个问题。研究者根据访谈设计对访谈结果的文本资料进行分析和编码。

(四)师生访谈的预期不足与改进措施

**1. 师生访谈的预期不足**

预期不足之一,访谈研究能够揭示校园内大学生道德责任现状的部分原因和零散的教育对策,但是,规律性的原因和系统性的教育对策却很难从访谈研究过程中获得。

预期不足之二,当面访谈会耗费大量时间和精力,影响论文其他部分的研究工作。

**2. 改进措施**

针对预期不足之一,借助已有理论研究成果,分析校园内大学生道德责任现状背后的原因,系统性地建立教育对策。

针对预期不足之二,在当面访谈部分教师和学生后,形成确定性的问题,把问题提纲发给访谈对象,邀请访谈对象填写。

## 本章小结

应用问卷调查法,从正面研究校园学习和生活中大学生与同学、教师和职工等不同人群交往过程中处理不损他、不损互利和利他事件时道义判断、责任判断和道德行为的状况,从而勾勒出校园内大学生道德责任水平的基本情况。区别于以往道德责任问卷调查的研究目的,在本书中,调查问卷研究的三个非常重要的目的是:检验本书构建的道德责任层次结构的有效性;量化校园内大学生道德责任水平以及差异的影响因素;验证柯尔伯格的重要判断"责任判断是正义和公正的道义判断通往道德行为的桥梁"。

## 第三章　校园内大学生道德责任现状的研究方法与过程

仿真实验法首次应用于道德责任问题研究，能够探究传统研究方法无法解答的问题。应用仿真实验法，将揭示不负责诱惑、社会成本系数和群体的集聚程度对大学生履行道德责任的影响程度，研究道德环境里几个重要指标变量对道德责任认知和行为脱节的影响情况。此外，调试责任判断对道德行为失衡力的不同范围，观察大学生群体在校园里道德责任的未来发展状态，进一步验证责任判断"桥梁作用"的稳定性。

师生访谈法能够克服静态的数字特征，生动地展示大学生对一些"应该去做或不应该去做"事情的真实想法和行为选择，大学教师从"他者"角度相对客观地评价大学生的道德行为。应用师生访谈法，有助于修正问卷调查的数据结果，揭示大学生道义判断、责任判断和道德行为的思维逻辑。

问卷调查法、仿真实验法和师生访谈法构成了校园内大学生道德责任水平分析的三视图，在一定程度上，相对客观和完整地勾勒了研究对象的整体画像。为了使画像更细腻更生动，本书也将辅之以文献法，借助其他学者的研究成果，对现状背后的原因做进一步的分析。

# 第四章

# 校园内大学生道德责任现状的总体特征与分析

　　特征是一个客体或一组客体特性的抽象结果。对客体多维度多层面分析,提取和整理客体特有的性质、品性和品质,最终形成若干个抽象结果,即客体特征。客体特征分为总体特征和维度特征。总体特征是客体整体性的外在特性和特点,是主体对客体特征的整体性判断。维度特征是针对校园内大学生道德责任内在构成分析结构的四个维度,主体根据研究目的和分析需要有目的地对数据结果进行抽象和概括。总体特征是客体所有维度特征精练和浓缩后的结果。

　　校园内大学生道德责任现状是被研究的客体。研究方法是上一章介绍的问卷调查法、仿真实验法和师生访谈法。分析的逻辑是:根据校园内大学生道德责任分析结构设计调查问卷,收集几所具有代表性高校的几个主要专业学生的问卷数据,统计分析出校园内大学生道德责任现状的总体特征和维度特征;针对通过问卷调查得到的一个总体特征,由于引申出的问题具有重要的研究价值,并且无法依赖问卷调查和师生访谈等研究方法进行研究,因此使用了仿真实验法,并且获得了校园内大学生道德责任现状的两个总体特征;问卷调查和仿真实验只是获得了校园内大学生道德责任现状的一些特征,却无法对特征的背后原因进行解释,这就需要借助对部分师生进行访谈,并辅之以文献资料里的理论和研究结论进行解释和分析。为了便于更细致分析,总体特征和维度特征各自成章。

自由是道德责任的必要条件。大学生履行道德责任不能受外在事物的影响,没有外在的功利性目的,行动的根据应该是内心遵从的、具有共同价值的社会主义核心价值观。人际关系是大学生交往方式和行为习惯的一个重要影响变量,对大学生道德责任水平的影响情况构成首要的总体特征。道义判断、责任判断和道德行为是道德责任知行合一过程的观察变量,是构成大学生道德责任分析结构的核心要素。柯尔伯格的著名论断"责任判断是正义和公正的道义判断通往道德行为的桥梁"是本书研究目标之一,这个论断的验证结果是校园内大学生道德责任现状的总体特征之二。通过仿真实验,本书进一步拓展了柯尔伯格的论断,研究责任判断失衡力范围对大学生群体履行道德责任的影响情况,此即总体特征之三。进一步修正仿真实验,不限定责任判断失衡力范围时,分析不负责诱惑力、负责社会成本和群体集聚程度等因素对群体履行道德责任的影响,观察的指标选取大学生群体负责者密度、群体负责者平均收益和群体不负责者平均收益,此即总体特征之四。

综上,本章节前两个总体特征数据来自分析结构的数据,获得的总体特征聚焦于分析结构之外的分析内容。下一章节的维度特征将分别聚焦于分析结构里的每一个具体维度。

## 一、大学生道德责任的总体状况及其受人际关系的影响情况

### (一)特征概况

**1. 校园内大学生道德责任水平总体上处于中等偏下状态**

对各种关系下大学生道德责任水平进行统计,结果见表4-1。当人际关系是很好和一般时,大学生道德责任处于偏好和非常好程度的比例分别约为70%和65%,极少部分大学生道德责任处于偏差程度。与人际关系一般时的数据相比,当人际关系很好时,在道义判断、责任判断和道德

行为方面,大学生的道德责任水平处于偏好和非常好程度的比例较高,均值也较高。均值检验时,置信区间选择 99.9%,所有的相伴概率 $P$ 值均小于 0.005,这意味着,在置信水平 $P=0.005$ 时,人际关系对大学生总体道德责任水平、道义判断、责任判断和道德行为都有着极其显著性影响。

表 4-1　各种关系下大学生道义判断、责任判断和道德行为的水平

| 道德责任 | 关系 | 非常差 | 偏差 | 一般 | 偏好 | 非常好 | 均值 | $t$ | $P$ |
|---|---|---|---|---|---|---|---|---|---|
| 道义判断 | 很好 | 0% | 0.2% | 26.9% | 56.8% | 16.1% | 3.86 | 5.884 | 0.000 |
|  | 一般 | 0% | 0.2% | 34.1% | 55.4% | 10.3% | 3.74 |  |  |
| 责任判断 | 很好 | 0% | 0.1% | 26.5% | 56.3% | 17.1% | 3.87 | 5.768 | 0.000 |
|  | 一般 | 0% | 0.1% | 34.0% | 53.7% | 12.2% | 3.75 |  |  |
| 道德行为 | 很好 | 0% | 0.2% | 30.8% | 55.9% | 13.1% | 3.79 | 6.062 | 0.000 |
|  | 一般 | 0% | 0.3% | 38.1% | 52.7% | 8.9% | 3.66 |  |  |
| 总体道德责任水平 | 很好 | 0% | 0.1% | 29.3% | 58.6% | 12.0% | 3.84 | 4.764 | 0.000 |
|  | 一般 | 0% | 0.1% | 35.1% | 54.6% | 10.2% | 3.74 |  |  |

需要再次强调的是,根据柯尔伯格道德认知发展理论,道义判断、责任判断和道德行为是量化道德责任水平的缺一不可的重要指标,道义判断和责任判断构成了道德责任认知,道德责任包括道德责任认知和道德责任行动。

利他道德责任分为举报他人和帮助他人两个内容。对各种关系下利他道德责任水平进行统计,结果见表 4-2。在帮助他人方面,关系很好时呈现出来的道德责任水平与关系一般时呈现出来的道德责任水平的相伴概率 $P$ 值等于 0.005,这意味着,在置信水平 $P=0.005$ 时,人际关系对帮助他人方面的道德责任水平的影响没有达到极其显著性水平。若提高置信水平至 $P=0.01$,人际关系对帮助他人方面的道德责任水平的影响能够达到极其显著性水平。在举报他人方面,关系很好时呈现出来的道德责任水平与关系一般时呈现出来的道德责任水平的相伴概率 $P$ 值小于

0.005,这意味着,在置信水平 $P=0.005$ 时,人际关系对举报他人方面的道德责任水平的影响达到了极其显著性水平。

表 4-2　大学生帮助他人和举报他人的道义判断、责任判断和道德行为的水平

| 道德责任 | 关系 | 帮助他人 | | | 举报他人 | | |
|---|---|---|---|---|---|---|---|
| | | 均值 | $t$ | $P$ | 均值 | $t$ | $P$ |
| 道义判断 | 很好 | 3.68 | 2.712 | 0.007 | 3.71 | 3.478 | 0.001 |
| | 一般 | 3.58 | | | 3.59 | | |
| 责任判断 | 很好 | 3.70 | 2.372 | 0.018 | 3.66 | 2.722 | 0.007 |
| | 一般 | 3.61 | | | 3.57 | | |
| 道德行为 | 很好 | 3.65 | 2.966 | 0.003 | 3.48 | 3.327 | 0.001 |
| | 一般 | 3.54 | | | 3.36 | | |
| 总体道德责任水平 | 很好 | 3.67 | 2.779 | 0.005 | 3.62 | 3.370 | 0.001 |
| | 一般 | 3.58 | | | 3.51 | | |

帮助他人方面,与人际关系一般时的数据相比,人际关系很好时的道义判断和责任判断方面均值较高,均值检验时,置信区间选择 99.9%,所有的相伴概率 $P$ 值均大于 0.005,这意味着,在置信水平 $P=0.005$ 时,人际关系对大学生道义判断和责任判断都没有极其显著性影响;人际关系很好时的道德行为均值也较高,均值检验时,置信区间选择 99.9%,相伴概率 $P$ 值小于 0.005,这意味着,在置信水平 $P=0.005$ 时,人际关系对大学生道德行为有着极其显著性影响。

举报他人方面,与人际关系一般时的数据相比,人际关系很好时的责任判断均值较高,均值检验时,置信区间选择 99.9%,相伴概率 $P$ 值均大于 0.005,这意味着,在置信水平 $P=0.005$ 时,人际关系对大学生责任判断没有极其显著性影响;人际关系很好时的道义判断、道德行为和总体道德责任水平均值也较高,均值检验时,置信区间选择 99.9%,相伴概率 $P$ 值小于 0.005,这意味着,在置信水平 $P=0.005$ 时,人际关系对大学生道

义判断、道德行为和总体道德责任水平有着极其显著性影响。

问卷调查的数据结果显示,当人际关系一般时,在主动帮助他人和举报他人违规等超义务道德责任方面,表现非常好、偏好、一般、偏差和非常差的比例大约是 20%、40%、30%、10% 和 0%。但是大学生访谈结果却显示,在超义务道德责任方面表现非常好、偏好、一般、偏差和非常差的比例大约是 5%、10%、15%、40% 和 30%,这意味着问卷调查的数据结果存在一定程度的虚高比例。一些大学生虽然不认同主动帮助他人和举报他人等超义务道德责任,但是在填写问卷时却可能选择了"不确定"和"倾向于"。大学生的访谈结果表明,问卷调查的数据结果应该适当向下修正。非常好、偏好、一般、偏差和非常差的赋分分别是 5、4、3、2 和 1。非常好、偏好和一般分别减少了 15%、20% 和 15%,合计减少的分值是 2。偏差和非常差都增加了 30%,合计增加的分值是 0.9。超义务道德责任水平分值最终减少 1.1。超义务道德责任分值占总体道德责任的 50%,这就意味着前面获得的总体道德责任水平的分值 3.74 应该减少 0.55,降至 3.19。考虑到大学生问卷填写时的不真实回答并未完全剔除,总体道德责任水平仍然需要向下修正。若选取最保守的向下修正 10%,那么校园内大学生总体道德责任水平的分值是 2.871,也就是说,校园内大学生道德责任水平总体上处于中等偏下的状态,这符合我们在校内与大学生接触时的感受。无论是在公共生活领域、公共卫生领域、公共秩序领域还是公共资源领域,大学生公共道德行为失范的现象都极为常见。[①]

### 2. 校园内大学生道德责任水平受人际关系的影响显著

当履行不与其他道德责任冲突的道德责任时,人际关系不应该是影响因素,否则将破坏道德责任的自由属性。例如,一些大学生会因为人际关系良好而倾向于选择不打扰别人的休息,人际关系一般时倾向于选择打扰别人休息,此时,这些大学生在人际关系良好时不打扰别人休息的行

---

① 唐爱民.大学生道德人格的时代征候及其教化[J].中国德育,2009(7):13-18.

## 第四章 校园内大学生道德责任现状的总体特征与分析

为不能称为履行了道德责任。对于此类行为,我们可以认为这些大学生的道德责任水平不高。这些大学生面临做不做不应该去做的事情选择时,人际关系成了关键性影响因素,这就破坏了道德责任的公正原则。按照确定道德责任内容的公正原则,行为对象之间应该是平等的,不能因为人际关系的差异而获得不一致的对待。

在第一章构建分析结构时,道德责任按照层次划分为基本道德责任和超义务道德责任,按照类型划分为学习方面道德责任和生活方面道德责任,按照利益指向划分为不损他、不损互利和利他的道德责任,按照交往对象划分为与同学、教师和职工三类人群交往时的道德责任。对各种关系下每个二级层次道德责任水平进行统计,结果见表4-3。人际关系对每个二级层次道德责任水平均值进行检验,置信区间选择99.9%,所有

表4-3　　各种关系下不同维度中大学生道德责任水平

| | 类别 | 关系 | 非常差 | 偏差 | 一般 | 偏好 | 非常好 | 均值 | $t$ | $P$ |
|---|---|---|---|---|---|---|---|---|---|---|
| 层次 | 基本道德责任 | 很好 | 0% | 0.8% | 16.5% | 67.1% | 15.6% | 3.99 | 6.841 | 0.000 |
| | | 一般 | 0.1% | 0.8% | 24.9% | 60.7% | 13.5% | 3.85 | | |
| | 超义务道德责任 | 很好 | 1.5% | 8.2% | 31.9% | 42.1% | 16.3% | 3.62 | 3.496 | 0.000 |
| | | 一般 | 1.0% | 8.1% | 38.0% | 41.2% | 11.7% | 3.51 | | |
| 类型 | 学习方面 | 很好 | 0% | 0.9% | 26.3% | 57.3% | 15.5% | 3.87 | 5.346 | 0.000 |
| | | 一般 | 0.1% | 0.2% | 32.6% | 55.1% | 12.0% | 3.76 | | |
| | 生活方面 | 很好 | 0% | 0.3% | 28.9% | 59.5% | 11.3% | 3.84 | 6.031 | 0.000 |
| | | 一般 | 0% | 0.2% | 37.4% | 53.8% | 8.6% | 3.71 | | |
| 利益指向 | 不损他 | 很好 | 0% | 1.5% | 14.9% | 62.1% | 21.5% | 4.04 | 5.813 | 0.000 |
| | | 一般 | 0.1% | 1.7% | 21.5% | 59.5% | 17.2% | 3.91 | | |
| | 不损互利 | 很好 | 0% | 0.9% | 28.4% | 46.9% | 23.8% | 3.90 | 6.168 | 0.000 |
| | | 一般 | 0% | 2.1% | 36.8% | 43.7% | 17.4% | 3.74 | | |
| | 利他 | 很好 | 1.5% | 8.2% | 31.9% | 42.1% | 16.3% | 3.62 | 3.496 | 0.000 |
| | | 一般 | 1.0% | 8.1% | 38.0% | 41.2% | 11.7% | 3.51 | | |

（续表）

| 类别 | | 关系 | 非常差 | 偏差 | 一般 | 偏好 | 非常好 | 均值 | $t$ | $P$ |
|---|---|---|---|---|---|---|---|---|---|---|
| 交往对象 | 同学 | 很好 | 0% | 1.2% | 22.8% | 57.8% | 18.2% | 3.92 | 5.717 | 0.000 |
| | | 一般 | 0.1% | 0.8% | 29.5% | 57.6% | 12.0% | 3.79 | | |
| | 教师 | 很好 | 0% | 0.3% | 28.8% | 50.3% | 20.6% | 3.90 | 4.598 | 0.000 |
| | | 一般 | 0.1% | 0.8% | 34.6% | 49.2% | 15.3% | 3.78 | | |
| | 职工 | 很好 | 0.1% | 2.3% | 31.9% | 47.1% | 18.6% | 3.80 | 5.065 | 0.000 |
| | | 一般 | 0.1% | 3.3% | 39.5% | 42.7% | 14.4% | 3.66 | | |

的相伴概率 $P$ 值均小于 $0.005$，这意味着，在置信水平 $P=0.005$ 时，人际关系对每个二级层次道德责任水平都有着极其显著性影响。

依据日常生活经验，人际关系对大学生道德责任有着重要的影响，但是这种影响在多大程度上能够达到统计学意义上的显著性水平呢？林锦秀（2012年）研究表明，内外群体关系影响助人行为。[①] 该结论是建立在统计学显著性水平 $P=0.01$ 之基础上。但是在 $P=0.005$ 水平上，人际关系的影响是否也能达到极其显著性水平呢？置信水平 $P=0.01$ 表示结论可能出现错误的可能性在 1% 及以内。2017 年全球统计学、社会学、政治学、心理学和生物医学等多个学科的 72 名著名学者联名在《自然》子刊《人类行为》上发表论文《重新定义统计学意义上的显著性》，专家们认为置信水平 $P=0.05$ 太小，应该选择置信水平 $P=0.005$，建议将统计显著性的默认 $P$ 值阈值从 0.05 更改为 0.005。本书接受这个建议。本书的研究显示，置信水平 $P=0.005$ 时，人际关系对大学生道德责任仍然有着非常重要的影响，并且达到了统计学意义上的显著性水平。不同身份特征之下，人际关系对大学生道德责任仍然有着非常重要的影响，并且也达到了统计学意义上的显著性水平。

在举报他人和帮助他人方面，人际关系对大学生道德责任起到的影

---

① 林锦秀.大学生对他人行为的责任推断与助人行为——群体关系与情感体验作用分析[J].上海理工大学学报：社会科学版，2012(4)：304-309.

响作用出现了明显的变化。随着置信水平的降低,差异的显著性逐渐变弱,研究结论的犯错误程度在逐渐提升。这就意味着,在举报他人和帮助他人方面,人际关系对大学生道德责任的影响力出现了下降。无论是帮助他人还是举报他人,人际关系对责任判断都没有显著性影响,对道德行为都有显著性影响。也就是说,在判断"是否我应该去做这件事情"时,人际关系的影响作用不是很明显,在落实到具体的行动时,人际关系的影响作用非常明显。

## (二)原因分析

### 1. 以往的道德责任教育没有聚焦于校园内的问题

校园内大学生道德责任水平总体上处于一般且偏下状况,这符合我们日常工作过程中的直观感受。在以往道德责任教育过程中,一些教育者注重讲解大学生的自我责任、社会公共责任和未来职业责任,较少强调大学生在校园内与同学、教师或职工交往过程中不损他、不损互利和利他的道德责任,特别是利他道德责任里增加他人合法权益的道德责任和制止或防止他人合法权益被侵犯的道德责任。校园生活和学习过程中,道德责任有着不同层次和不同类别,如果不能做出正确的道义判断和责任判断,就不会采取适当的道德行为。这也就是校园内大学生道德责任水平总体上处于一般且偏下状况的重要原因。

有些教师忽视校园内大学生行为的道德性质,为学生不道德的行为进行辩护。例如在访谈教师时,教师 JG5 认为,"大学生考试作弊和论文中可能有抄袭现象,但是这些不能上升为道德问题,不能说他不负责任。再如大学生在教学楼走廊里吸烟、乱扔烟头等,这都是一些不好的习惯,不能上升为道德问题。"显然,如果淡化考试作弊、论文抄袭和吸烟等侵犯他人合法权益行为的道德性质,就不会在道德教育过程中对类似情境进行道义判断和责任判断。不提升类似情境的道德认知,不但不会遏制类似不道德行为的发生,还会对类似不道德行为起到纵容作用。

## 2. 人的社会属性影响行为的选择倾向

人际关系极其显著地影响大学生道德责任状态,最主要原因是人的社会属性。人是关系中的人,人首先是被抛入由关系所构成的世界之中的。① 关系性是人的最明显社会属性。以诚信为例,诚信是道德责任的重要内容之一,学生面对是否遵守诚信问题时,与对方的关系常常是重要的考量因素。李德显等学者(2011年)的研究表明,儿童和青少年选择诚信对象时,表现出根据亲情的亲疏程度选择个人诚信对象的倾向性。② 儿童和青少年更愿意诚信相待的对象依次是亲人、朋友、老师、同学和陌生人。儿童和青少年面对是否诚信问题时,亲情的远近程度成了关键性影响因素。这项全国大规模问卷调查的数据结果充分表明,诚信履行的过程并非自由的,而是受到外在人际交往压力的影响。对于学生而言,做不做应该去做或不应该去做的事情,道义判断的结果不是最主要的,而是根据社会交往过程中人际关系的远近程度等非自由性因素。李露等学者(2018年)的研究表明,和睦的邻里关系会促进大学生有更多的利他行为。③ 与对方的人际关系越和睦,大学生越能施予对方更多的利他行为。薛德昱(2011年)对高职学生的问卷调查也显示,高职学生个体的利他行为与其人际关系困扰具有显著的负相关,利他行为水平越高,人际关系困扰越低。④ 人际关系良好的学生有着较高水平的利他行为。叶晓红(2011年)的心理实验也表明,个体的亲密关系和利他行为的内隐态度显著,亲密关系与内隐利他行为的相关性极其显著。⑤ 在大学生群体中,与自己关系越亲密的人,个体采取的利他行为会越多;反之,与自己关系越不亲密的人,

---

① 曹正善."关系人"假设与教育[J].天津市教科院学报,2007(4):8-10.
② 李德显,傅维利,刘磊,等.我国儿童、青少年诚信观发展现状研究[J].教育科学,2011(2):1-7.
③ 李露,王敬群,叶宝娟,等.邻里关系对大学生利他行为的影响:共情、亲社会动机的链式中介效应[J].中国临床心理学杂志,2018(6):1215-1218.
④ 薛德昱.高职学生利他行为和人际关系困扰的调查及对策[J].天津市财贸管理干部学院学报,2011(3):58-59.
⑤ 叶晓红.大学生亲密关系与内隐利他行为的相关研究[J].南京工程学院学报:社会科学版,2011(3):56-59.

个体采取的利他行为会越少,即低亲密关系倾向于低利他行为,高亲密关系倾向于高利他行为。个体间亲密关系对道德责任有着显著影响。很多已有研究都证明,个体间亲密关系对道德责任有着决定性或显著性影响。在社会组织和人际关系中的地位直接影响着个体的责任判断,进而影响道德行为的利益取向。在校园里,与自己关系良好的同学、教师和职工被纳入自己的首属关系范围,与自己关系一般的同学、教师和职工被纳入自己的次属关系范围。首属关系是在人际交往互动过程中逐渐形成的个人关系。次属关系比较疏远,甚至相见不相识。① 大学生会区分首属关系和次属关系的交往对象,并且据此选择去做或者不去做应该去做或不应该去做的事情。每个人都会形成道德关注圈,并对内外群体的人表现出不同的道德关注。

在举报他人和帮助他人方面,人际关系对大学生道德责任起到的影响作用出现了明显的变化,这仍然与人的社会属性相关。田春燕(2018年)认为,道德干预就是制止他人侵犯别人的合法权益,包括举报他人等行为。研究表明,人际亲密度影响道德责任感从而影响道德干预强度。② 这与本研究中举报他人在道义判断、道德行为和总体道德责任水平方面的人际关系影响作用是一致的。人际关系在举报他人方面呈现了显著的影响作用,但是在帮助他人方面却没有。这主要是受到大学生的同情心和内疚心的影响。面对他人合法利益被侵犯,自己会产生一种同情心。对于自己能够制止但没有制止,导致他人合法权益被侵犯或者进一步被侵犯,自己会产生一种内疚心。特别是自己和对方关系较好,自己的这种同情心和内疚心会更强烈。但是,在帮助他人方面,对方的合法权益没有被侵犯,只是自己有能力额外增加对方的合法权益,让对方学习或生活更好,但是自己帮助对方的道义判断和责任判断不会因为人际关系产生极其显著的变化。

---

① [美]柯尔伯格 L.道德教育的哲学[M].魏贤超,柯森,等,译.杭州:浙江教育出版社,2000:188.
马焕灵.高校内部秩序转型的世俗障碍与革新要素分析[J].清华大学教育研究,2010(2):34-39.
② 田春燕.不同道德情境中道德干预倾向的影响因素研究[D].上海:上海师范大学,2018:26.

## 二、道义判断通往道德行为过程中责任判断的作用

### (一)特征概况:责任判断起到非常明显的桥梁性作用

表 4-4 数据显示,关系很好和关系一般的情况下,大学生责任判断对道德行为的水平牵引力都非常强,均达到了 80% 以上;责任判断的向上牵引力和向下牵引力都比较低;人际关系对责任判断牵引力的影响较弱;责任判断对道德行为的向下牵引力大于向上牵引力。

表 4-4　　各种关系下责任判断对道德行为的作用力

| 关系 | 水平牵引力 | 向上牵引力 | 向下牵引力 | 失衡力 |
| --- | --- | --- | --- | --- |
| 很好 | 80.50% | 2.94% | 3.66% | 12.91% |
| 一般 | 81.96% | 1.95% | 3.02% | 13.08% |

对人际关系一般时责任判断对道德行为的作用力进行统计,结果见表 4-5。数据结果表明,当人际关系一般时,大学生履行各二级层面道德责任过程中,责任判断对道德行为的失衡力在 16%~29%,责任判断对道德行为的牵引力在 71%~84%;不损他道德责任和与职工交往道德责任中,责任判断对道德行为的向下牵引力小于向上牵引力,其他类别道德责

表 4-5　　人际关系一般时责任判断对道德行为的作用力

| 类别 | | 水平牵引力 | 向上牵引力 | 向下牵引力 | 失衡力 |
| --- | --- | --- | --- | --- | --- |
| 层次 | 基本 | 71.43% | 4.63% | 5.03% | 18.91% |
| | 超义务 | 62.31% | 7.31% | 7.65% | 22.73% |
| 类型 | 学习 | 69.22% | 5.23% | 7.51% | 18.04% |
| | 生活 | 78.27% | 3.02% | 3.42% | 15.29% |
| 利益指向 | 不损他 | 68.01% | 6.91% | 6.04% | 19.05% |
| | 不损互利 | 56.87% | 6.91% | 7.98% | 28.24% |
| | 利他 | 62.31% | 7.31% | 7.65% | 22.73% |

(续表)

| 类别 | | 水平牵引力 | 向上牵引力 | 向下牵引力 | 失衡力 |
|---|---|---|---|---|---|
| 交往对象 | 同学 | 65.12% | 5.30% | 6.10% | 23.48% |
| | 教师 | 74.92% | 4.43% | 4.63% | 16.03% |
| | 职工 | 68.34% | 6.10% | 5.57% | 19.99% |

任中,责任判断对道德行为的向下牵引力均大于向上牵引力。

上述结果验证了柯尔伯格的重要判断,即"责任判断是正义和公正的道义判断通往道德行为的桥梁"。在正义和公正的道义判断转化为道德行为的过程中,大学生责任判断起着非常明显的桥梁性作用。当责任判断和道义判断水平较为一致时,道德行为出现不一致的可能性较小,只有15%~30%的可能性。这就说明,提升大学生的道德认知能力和水平,加强大学生正义和公正的道义判断和责任判断,有助于提升大学生的道德行为水平。

(二)原因分析

**1. 道义判断的正义感知受制于个体认知的局限性**

道义判断即个体对外在事物和行为的正义属性的感知。当感知结果并非正义性的应该去做或不应该去做时,个体道义判断必然得出相应结果。沉溺于与自己直接相关事物的看法和观点中,这会限制大学生的自我反思。大学生个体局限性的思维视域束缚了道义判断过程中的正义感知,关系性的人际互动又进一步屏障了正义感知的延展性,进而,大学生个人的正义感知限于自我的囚笼中,缺少普遍的社会理性,不能认同公共规范。

**2. 道义判断的正义感知又受个体自由行动的影响**

如果一个人可以自由地采取行动,并且认为采取那种行动会在世界上创造出一个更公正的情形,那么这就足以使此人在认识到以上问题之后,认真地考虑自己应该做什么。当然,可能有许多行为都符合这两个条件,而一个人不可能一一付诸行动。因此,这里并不是要求只要两个条件得到满足,就去采取这个行动,而是承认我们有考虑采取行动的义务和责任。① 然而,当个体自由活动受限,个体诸多合理性要求和需要得不到满足,甚至自身合法权益不断被对方侵犯时,个体必然会有意或无意地纠正自我对正义的感知和认知。正义感知发生了偏转,轻微者仅仅漠视正义伸张的必要性,严重者将会产生报复性的错误的正义观念。群体中,正义感知的偏移具有传导性,更多个体受此消极信息的影响;正义感知的偏移也具有阻断性,积极的信息易被阻断传播。能够经受自己的严肃审思是理性概念的核心,但是对从他人视角上进行的批判性审思加以认真考量,能够使我们从理性本身跨越到与他人关系意义上的合理行为。② 但是现实当中,很多大学生缺少批判性审思,他们更倾向于盲从,接受他人消极信息的影响。

一般地,在一个充满正义的社会群体中,对于某个应该去做或不应该去做的行为是否为道德责任存在争议时,当社会大多数理性成员认为个体的理性认知太狭隘、个体的理性行动缺少社会正义时,个体的理性就应当服从社会群体的理性,个体所认为的非道德责任内容就应该被纠正。如果某个社会群体的理性认知失范,规则规范体系崩塌,那么这个社会群体的"理性"就失去了标杆作用。

研究表明,大学生道德认同程度较高,大学生亲社会行为会随着道德推脱水平的降低而明显地增多;大学生道德认同程度较低,无论道德推脱水平高低,大学生亲社会行为都会比较少。③ 在这里,道德认同就是大学生的责任判断与社会理性的道义判断的符合度,也就是说,大学生个体能够从内心接受社会舆论中的道德规范。如果大学生个体产生了较高的道

---

① [印]森 A.正义的理念[M].王磊,李航,译.北京:中国人民大学出版社,2012:192.
② [印]森 A.正义的理念[M].王磊,李航,译.北京:中国人民大学出版社,2012:184-185.
③ 王兴超,杨继平.道德推脱与大学生亲社会行为:道德认同的调节效应[J].心理科学,2013(4):904-909.

德认同,诚心接受社会理性的道义判断,化外在的道义判断为个体自我的责任判断,实现道义判断和责任判断的统一,那么个体行为符合道德规范将是一个较大的概率事件。这与本书的研究结果相一致。

## 三、责任判断对道德行为的失衡力范围对群体履行道德责任的影响情况

在验证柯尔伯格重要论断的过程中,我们发现,道德责任失衡力存在一定的变化范围。责任判断对道德行为的作用存在一定程度的失衡力,即责任判断高于道义判断而道德行为却低于道义判断,相对道义判断而言,责任判断和道德行为反方向运行。这就引出了一个重要的需要研究的问题——责任判断对道德行为的失衡力范围对大学生群体履行道德责任是否产生明显影响?

在第二章仿真实验的算法中,设置规则 $\varGamma$ 如下:

令 $\alpha_i = \dfrac{P_j - P_i}{(1-a) \cdot T + a \cdot T \cdot \max(k_i, k_j)}$,当 $0 \leqslant \alpha_i \leqslant \beta_i$ 时,更换规则成立。

根据总体特征之二的数据结果,责任判断对道德行为失衡力范围 $0 \leqslant \alpha_i \leqslant \beta_i$ 分别选择[0,10)、[0,20)、[0,30)和[0,100],仿真结果如下:

### (一)特征概况

**1. 失衡力范围对群体负责者密度的影响很小**

社会成本系数 $a$ 取不同值时,道德责任失衡力 $\alpha$ 的不同取值范围对负责者密度的变化没有产生明显影响;不负责者收益 $T$ 值介于 0.5 到 1 时,负责者密度基本都是 100%;当不负责诱惑力 $T$ 值达到 5 时,负责者密度是 0 或非常接近于 0;随着不负责诱惑力 $T$ 值增大,负责者密度逐渐趋近于 0。

$a$ 值越大,负责者密度收敛于 0 的速度越快。

不负责者收益 $T$ 值取不同的值,社会成本系数 $a$ 变化时,负责者平均收益的整体波动情况如下:社会成本系数 $a$ 取不同值时,道德责任失衡力 $\alpha$ 的不同取值范围对负责者密度的标准偏差变化没有产生明显影响;负责者密度标准偏差都有一个峰值,峰值左侧,不负责诱惑力 $T$ 值越小,负责者密度标准偏差越趋近于 0,峰值右侧,不负责者收益 $T$ 值越大,负责者密度标准偏差越趋近于 0。

随着群体集聚程度 $q$ 值变大,负责者密度标准偏差的峰值逐渐趋于 3;群体集聚程度 $q$ 值是 0.6、0.8 和 1 时,负责者密度标准偏差的峰值都是在不负责诱惑力 $T$ 值为 3 或 3 左右临近值时。

**2. 失衡力范围对群体负责者平均收益的影响很小**

社会成本系数 $a$ 取不同值时,道德责任失衡力 $\alpha$ 的不同取值范围对负责者平均收益的变化没有产生明显影响;不负责诱惑力 $T$ 值介于 0.5 到 1.5 时,负责者平均收益基本都保持不变;当不负责诱惑力 $T$ 值达到 5 时,负责者平均收益是 0 或非常接近于 0;随着不负责诱惑力 $T$ 值增大,负责者平均收益逐渐趋近于 0。

社会成本系数 $a$ 值越大,负责者平均收益收敛于 0 的速度越快。

不负责诱惑力 $T$ 值取不同数值,社会成本系数 $a$ 变化时,负责者平均收益的波动情况如下:社会成本系数 $a$ 取不同值时,道德责任失衡力 $\alpha$ 的不同取值范围对负责者平均收益的标准偏差变化没有产生明显影响;负责者平均收益标准偏差都有一个峰值,峰值左侧,不负责诱惑力 $T$ 值越小,负责者平均收益标准偏差越趋近于 0;峰值右侧,不负责诱惑力 $T$ 值越大,负责者平均收益标准偏差越小;负责者平均收益标准偏差的峰值都是在不负责诱惑力 $T$ 值为 3 或 3.5 时。

群体集聚程度 $q$ 值越大,负责者平均收益标准偏差越大。

**3. 失衡力范围对群体不负责者平均收益的影响很小**

社会成本系数 $a$ 取不同值时,道德责任失衡力 $\alpha$ 的不同取值范围对不负责者平均收益的变化没有产生明显影响;不负责诱惑力 $T$ 值介于 0.5 到 1 时,不负责者平均收益基本都是 0;不负责者平均收益都有一个峰值,峰值左侧,不负责诱惑力 $T$ 值越小,不负责者平均收益越趋近于 0,峰值右侧,不负责诱惑力 $T$ 值越大,不负责者平均收益越趋近于 0。

社会成本系数 $a$ 值越小,黏合性越差;社会成本系数 $a$ 值越小,不负责者平均收益的峰值越大。

不负责诱惑力 $T$ 值取不同数值,社会成本系数 $a$ 变化时,不负责者平均收益的波动情况如下。

社会成本系数 $a$ 取不同值时,道德责任失衡力 $\alpha$ 的不同取值范围对不负责者平均收益的标准偏差变化没有产生明显影响;不负责者平均收益标准偏差都有一个峰值,峰值左侧,不负责诱惑力 $T$ 值越小,不负责者平均收益标准偏差越趋近于 0;峰值右侧,不负责诱惑力 $T$ 值越大,不负责者平均收益标准偏差越趋近于 0。

群体集聚程度 $q$ 值越大,不负责者平均收益标准偏差越大,不负责者平均收益标准偏差的峰值也越大。

**4. 结论:失衡力范围对群体履行道德责任影响作用不明显**

责任判断失衡力范围的高低起伏,不会对群体履行道德责任产生明显影响。在不负责诱惑力和社会成本对群体履行道德责任发挥影响作用的过程中,责任判断失衡力范围的影响作用很小,甚至可以忽略不计。这个研究结论是对柯尔伯格的著名论断"责任判断是正义和公正的道义判断通向道德行为的桥梁"的进一步丰富和发展,有助于我们对柯尔伯格道德认知发展理论的进一步理解。

**(二)原因分析**

责任判断对道德行为的失衡力范围对群体履行道德责任没有产生明显作用,其原因有二。

**1. 群体互动有助于纠正责任判断对道德行为的失衡力**

责任判断对道德行为的失衡力范围能够在不断重复的博弈演化过程

中逐步获得纠正,从而使其对群体履行道德责任不产生明显作用。群体履行道德责任状况是一个动态演化的过程,局部的和暂时性的失衡状态能够在个体相互博弈后逐渐得到修复,使其不对群体道德责任整体的发展趋势产生明显的影响。这从博弈演化论的角度来说是成立的。

**2. 仿真实验自身存在不足,可能没有呈现出科学结论**

仿真实验规则设计存在一定的不足,导致责任判断对道德行为的失衡力范围对群体履行道德责任的作用不明显。在仿真实验过程中,仿真参数的设定并没有足够大,模型中的变量也较少,这就不可避免地把复杂的道德规律性问题简化成一个比较简单粗糙的程序仿真实验问题,一些道德规律性结论可能很难通过这个仿真实验获得。责任判断对道德行为的失衡力范围对群体履行道德责任的显著性作用也许存在,但是这个仿真实验却对此无法验证。

也许这个仿真实验设定的规则存在不足,不应该限定责任判断对道德行为的失衡力范围,也就是说,不对随机性进行过多限制。研究方向不是去研究责任判断对道德行为的失衡力范围对群体履行道德责任的影响作用,而是不负责诱惑力、社会成本和群体集聚程度对大学生履行道德责任的影响作用。按照这个思路,我们继续观察第二个仿真实验的结果。

## 四、道德环境对大学生履行道德责任的影响情况

### (一)特征概况

在第二章仿真实验的算法中,设置规则 $\Gamma$ 如下:

令 $\alpha_i = \dfrac{P_j - P_i}{(1-a) \cdot T + a \cdot T \cdot \max(k_i, k_j)}$, $\mathrm{rand}(1) \leqslant \alpha_i$ 时,更换规则成立。

与前一个仿真实验相比,上述规则中,没有限定 $\alpha_i$ 的具体范围,即不限定责任判断对道德行为的失衡力范围。

## 第四章 校园内大学生道德责任现状的总体特征与分析

在这里,道德环境主要是指不负责诱惑力、负责社会成本和群体集聚程度。不负责诱惑力是指别人负责而自己不负责时自己的收益。负责社会成本是指自己为了负责而损己的程度。群体集聚程度是指群体成员之间互动的频繁程度。

**1. 对群体负责者密度的影响**

一般地,当不负责诱惑力 $T$ 值介于 $0.5$ 到 $1.5$ 时,负责者密度都能达到 $90\%$ 以上;当 $T$ 值介于 $2$ 到 $4.5$ 时,负责者密度呈快速下降趋势,逐渐趋近于 $0$;社会成本系数 $a$ 值越大,负责者密度趋近于 $0$ 的速度越快。

整体来看,社会成本系数 $a$ 越小,负责者密度越大,但是个别时候,也会出现社会成本系数 $a$ 较大,负责者密度也较大的情况。社会成本系数 $a$ 和群体负责者密度之间并不是线性关系,社会成本系数 $a$ 取不同数值时,对应的群体负责者密度呈现交叉波动的情况。这表明,并不是社会成本系数 $a$ 越小,越能提升群体负责者密度。这与参与博弈的群体的非完全理性有关,受到了群体有限理性的影响。

集聚程度 $q$ 值对负责者密度影响不明显,曲线波动幅度和趋势基本一致。

表 4-6 呈现了不同的不负责诱惑力 $T$ 值下,社会成本系数 $a$ 变化时,负责者密度的波动情况。

不负责诱惑力 $T$ 值从 $0.5$ 到 $5$,各个社会成本系数 $a$ 下,负责者密度的标准偏差都是由小渐大,到 $2.5$ 或 $3$ 时达到最大值,然后由大渐小。由于不负责诱惑力 $T=3$ 是牡鹿捕捉模型和囚徒困境模型的分水岭,不负责诱惑力 $T$ 值与 $T=3$ 距离越远,表明某个模型的特征越明显。上述数据结果意味着,当某个模型的特征越明显时,负责者密度的波动越小。

社会成本系数 $a$ 从大到小变化时,负责者密度的标准偏差逐渐增大。这意味着社会成本系数 $a$ 越低,负责者密度波动越大,社会成本系数 $a$ 对负责者密度波动起着负作用。

表 4-6　　　　　　　　　　负责者密度的标准偏差情况

| 社会成本系数 | $T=0.5$ | $T=1$ | $T=1.5$ | $T=2$ | $T=2.5$ | $T=3$ | $T=3.5$ | $T=4$ | $T=4.5$ | $T=5$ | 均值 |
|---|---|---|---|---|---|---|---|---|---|---|---|
| $a=1.0$ | 0.00 | 0.00 | 0.06 | 0.18 | 0.02 | 0.01 | 0.01 | 0.01 | 0.00 | 0.00 | 0.03 |
| $a=0.8$ | 0.00 | 0.00 | 0.04 | 0.09 | 0.16 | 0.04 | 0.03 | 0.00 | 0.00 | 0.00 | 0.04 |
| $a=0.6$ | 0.00 | 0.00 | 0.00 | 0.07 | 0.09 | 0.16 | 0.09 | 0.04 | 0.00 | 0.01 | 0.04 |
| $a=0.4$ | 0.00 | 0.00 | 0.05 | 0.08 | 0.09 | 0.13 | 0.12 | 0.08 | 0.03 | 0.00 | 0.06 |
| $a=0.2$ | 0.00 | 0.00 | 0.03 | 0.14 | 0.14 | 0.13 | 0.10 | 0.08 | 0.07 | 0.05 | 0.07 |
| $a=0.0$ | 0.00 | 0.00 | 0.07 | 0.07 | 0.20 | 0.19 | 0.16 | 0.11 | 0.09 | 0.04 | 0.10 |
| 均值 | 0.00 | 0.01 | 0.04 | 0.10 | 0.12 | 0.11 | 0.08 | 0.05 | 0.03 | 0.02 | 0.06 |

### 2. 对群体负责者平均收益的影响

整体来看,社会成本系数 $a$ 越低,负责者平均收益水平越高。社会成本系数 $a$ 介于 0.6 到 1 时,即考虑社会成本较多时:不负责诱惑力 $T$ 在 0.5 和 1.5 之间时,各个社会成本系数对应的负责者平均收益变化非常小;不负责诱惑力 $T$ 在 1.5 和 3 之间时,负责者平均收益下降较快;不负责诱惑力 $T$ 在 3.5 和 4 之间时,负责者平均收益逐渐趋近于 0。

社会成本系数 $a$ 介于 0 到 0.4 时,即考虑社会成本少时:不负责诱惑力 $T$ 在 0.5 和 2.5 之间时,各个社会成本系数对应的负责者平均收益变化非常小;不负责诱惑力 $T$ 在 2.5 和 4 之间时,负责者平均收益下降较快;不负责诱惑力 $T$ 为 4.5 时,负责者平均收益逐渐趋近于 0。

整体来看,$a$ 越小,即社会成本系数越小时,负责者平均收益越大,但是个别时候,也会出现社会成本系数 $a$ 较大,负责者平均收益也较大的情况。这表明,并不是社会成本系数 $a$ 越小,越能提升负责者平均收益。这与参与博弈的群体的非完全理性有关,受到了群体有限理性的影响。

集聚程度 $q$ 值对负责者平均收益影响不明显。

表 4-7 是不同不负责诱惑力 $T$ 值下,社会成本系数 $a$ 变化时,负责者平均收益的波动情况。不负责诱惑力 $T$ 值从 0.5 到 5,各个社会成本系

# 第四章 校园内大学生道德责任现状的总体特征与分析

数下,负责者平均收益的标准偏差都是由小渐大,到 3 附近时达到最大值,然后由大渐小。由于不负责诱惑力 $T=3$ 是牡鹿捕捉模型和囚徒困境模型的分水岭,不负责诱惑力 $T$ 值与 $T=3$ 距离越远,表明某个模型的特征越明显。上述数据结果意味着,当某个模型的特征越明显时,负责者平均收益的波动越小。

社会成本系数 $a$ 从大到小变化时,负责者平均收益的标准偏差越大。这意味着社会成本系数 $a$ 越低,负责者平均收益波动越大,社会成本系数 $a$ 对负责者平均收益波动起着负作用。

表 4-7　　　　　　　　负责者平均收益的标准偏差情况

| 社会成本系数 | $T=0.5$ | $T=1$ | $T=1.5$ | $T=2$ | $T=2.5$ | $T=3$ | $T=3.5$ | $T=4$ | $T=4.5$ | $T=5$ | 均值 |
|---|---|---|---|---|---|---|---|---|---|---|---|
| $a=1.0$ | 0.00 | 0.00 | 0.06 | 0.21 | 0.26 | 0.23 | 0.28 | 0.28 | 0.14 | 0.15 | 0.16 |
| $a=0.8$ | 0.00 | 0.00 | 0.12 | 0.38 | 0.62 | 0.51 | 0.17 | 0.00 | 0.00 | 0.00 | 0.18 |
| $a=0.6$ | 0.00 | 0.00 | 0.00 | 0.21 | 0.51 | 1.61 | 0.62 | 0.61 | 0.18 | 0.22 | 0.40 |
| $a=0.4$ | 0.00 | 0.00 | 0.00 | 0.43 | 0.50 | 0.82 | 1.02 | 0.88 | 0.81 | 0.37 | 0.48 |
| $a=0.2$ | 0.00 | 0.00 | 0.24 | 0.99 | 1.30 | 1.55 | 0.73 | 0.95 | 1.44 | 1.09 | 0.83 |
| $a=0.0$ | 0.00 | 0.32 | 0.59 | 0.60 | 1.80 | 1.58 | 2.60 | 1.98 | 1.17 | 0.47 | 1.11 |
| 均值 | 0.00 | 0.05 | 0.24 | 0.48 | 0.89 | 1.08 | 0.88 | 0.77 | 0.55 | 0.32 | 0.53 |

### 3. 对群体不负责者平均收益的影响

整体来看,社会成本系数 $a$ 越低,不负责者平均收益水平越高。社会成本系数 $a$ 介于 0.6 到 1 时,即考虑社会成本较多时:不负责诱惑力 $T$ 在 0.5 和 1.5 之间时,各个社会成本系数 $a$ 对应的不负责者平均收益变化非常小;不负责诱惑力 $T$ 为 2.5 或 4 时,不负责者平均收益会达到峰值;不负责诱惑力 $T$ 为 5 时,不负责者平均收益为 0。整体来看,$a$ 越小,即社会成本系数越小时,不负责者平均收益越大,但是个别时候,也会出现社会成本系数 $a$ 较大,不负责者平均收益也较大的情况。这表明,并不是

社会成本系数 $a$ 越小，越能提升不负责者平均收益。这与参与博弈的群体的非完全理性有关，受到了群体有限理性的影响。

集聚程度 $q$ 值越高，越能减小不负责者平均收益的波动。

表 4-8 是不同不负责诱惑力 $T$ 值下，社会成本系数 $a$ 变化时，不负责者平均收益的波动情况。不负责诱惑力 $T$ 值从 0.5 到 5，各个社会成本系数下，不负责者平均收益的标准偏差都是由小渐大，到 3 附近时达到最大值，然后由大渐小。由于不负责诱惑力 $T=3$ 是牡鹿捕捉模型和囚徒困境模型的分水岭，不负责诱惑力 $T$ 值与 $T=3$ 距离越远，表明某个模型的特征越明显。上述数据结果意味着，当某个模型的特征越明显时，不负责者平均收益的波动越小。

社会成本系数 $a$ 从大到小变化时，不负责者平均收益的标准偏差越大。这意味着社会成本系数 $a$ 越低，不负责者平均收益波动越大，社会成本系数 $a$ 对不负责者平均收益波动起着负作用。

表 4-8　　　　　　　不负责者平均收益的标准偏差情况

| 社会成本系数 | $T=0.5$ | $T=1$ | $T=1.5$ | $T=2$ | $T=2.5$ | $T=3$ | $T=3.5$ | $T=4$ | $T=4.5$ | $T=5$ | 均值 |
| --- | --- | --- | --- | --- | --- | --- | --- | --- | --- | --- | --- |
| $a=1.0$ | 0.00 | 0.01 | 0.11 | 0.18 | 0.02 | 0.01 | 0.01 | 0.01 | 0.00 | 0.00 | 0.04 |
| $a=0.8$ | 0.00 | 0.00 | 0.02 | 0.07 | 0.12 | 0.17 | 0.07 | 0.00 | 0.00 | 0.00 | 0.05 |
| $a=0.6$ | 0.00 | 0.00 | 0.00 | 0.02 | 0.23 | 0.44 | 0.35 | 0.16 | 0.00 | 0.01 | 0.12 |
| $a=0.4$ | 0.00 | 0.00 | 0.00 | 0.02 | 0.10 | 0.54 | 0.65 | 0.30 | 0.21 | 0.00 | 0.18 |
| $a=0.2$ | 0.00 | 0.00 | 0.00 | 0.03 | 0.04 | 0.06 | 0.19 | 0.51 | 0.51 | 0.39 | 0.26 | 0.20 |
| $a=0.0$ | 0.00 | 0.00 | 0.01 | 0.02 | 0.03 | 1.36 | 0.26 | 0.42 | 0.62 | 0.69 | 0.34 | 0.38 |
| 均值 | 0.00 | 0.00 | 0.03 | 0.06 | 0.32 | 0.27 | 0.34 | 0.27 | 0.22 | 0.10 | 0.16 |

**4. 结论一：不负责诱惑力和社会成本对履行道德责任产生明显的负作用**

当不负责诱惑力 $T$ 值介于 0.5 到 1.5 时，即 $T \leqslant \dfrac{1}{2}R$，这意味着自己

不负责而对方负责时自己的收益不超过两人都负责时自己收益的一半，此时，负责者密度都能达到90%以上，负责者平均收益水平比较平稳；当不负责诱惑力 $T$ 值介于2到4.5时，即 $\frac{1}{2}R < T \leqslant \frac{3}{2}R$，这意味着自己不负责而对方负责时自己的收益超过两人都负责时自己收益的一半，但小于两人都负责时自己收益的1.5倍，此时，负责者密度和平均收益都呈快速下降趋势并且逐渐趋近于0。上述演化博弈结果表明：当不负责诱惑力 $T$ 值低于负责动力 $R$ 值一半时，群体负责者密度和收益水平都能处于较高水平；当不负责诱惑力 $T$ 值高于负责动力 $R$ 值一半时，群体负责者密度和收益水平都处于较低水平。

社会成本系数 $a$ 值越小，负责者密度、负责者平均收益和不负责者平均收益越大；社会成本系数 $a$ 值越大，负责者密度和平均收益趋近于0的速度越快。社会成本系数 $a$ 从大到小变化时，负责者密度和平均收益的标准偏差越大。这意味着社会成本系数 $a$ 越低，负责者密度、负责者平均收益波动和不负责者平均收益波动越大，社会成本系数 $a$ 对负责者密度、负责者平均收益波动程度和不负责者平均收益波动程度起着负作用。

此外，不负责诱惑力 $T$ 值越大，社会成本系数 $a$ 值越大，不负责者平均收益趋近于0的速度越快。这意味着，当负责者密度趋近于0即不负责者密度趋近于1时，不负责者的平均收益将趋近于0。

**5. 结论二：群体集聚程度对履行道德责任没有产生明显影响**

群体集聚程度高，表示群体成员之间紧密程度高，参与互动的成员较多，参与互动的成员与多个成员互动。在大学校园里，有的班级经常开展各种活动，从而使同学之间都能产生互动，使每一个同学都与其他同学互动，以此来增强班级凝聚力。也有的班级很少开展活动，一些同学从没和班级某些同学说过话，班级凝聚力涣散。在这里，班级集聚程度和班级凝聚力不同，前者是后者的必要条件和必由之路，后者是前者的发展方向。凝聚力高，集聚程度一定高。反之，集聚程度高，不一定凝聚力高。

仿真实验证明,在不负责诱惑力和社会成本对群体履行道德责任发挥影响作用的过程中,群体集聚程度的影响作用很小,甚至可以忽略不计。

## (二)原因分析

### 1. 大学生履行道德责任受道德环境的强烈影响

唐爱民教授(2009年)认为,在大学生身上,道德认知与道德行为通常存在不同程度的不对称性、矛盾性或不一致性。① 导致知行脱节的重要影响因素是道德环境。不负责诱惑力和负责社会成本对大学生履行道德责任产生明显的负作用,这是道德认知转化为道德行为过程中道德规律的必然结果。不负责诱惑力和社会成本是外在道德环境的两个最重要影响指标。道德情感和意志是不负责诱惑力和社会成本两个因素在个体身上的表象特征。诚如傅维利教授(2017年)所判断,在认知、情感、意志和行动这四种道德基本要素中,从认知到行动构成了道德过程的主流程,而情感和意志仅是认知和行动的附着物。② 情感和意志影响着认知能否顺利地衔接到行动上。当情感和意志遵从道德的意趣,服从道德规律,不考虑任何企图和其他目的时,道德认知才能顺利衔接到道德行为上,即知行合一,否则就会出现知行脱节问题。一个处于责任的行为,意志应该完全摆脱一切影响,摆脱意志的对象,所以,客观上只有规律,主观上只有对这种实践规律的纯粹尊重,也就是准则,才能规定意志,才能使我服从这种规律,抑制自己的全部爱好。③ 正是践行道德的成本过高,才使得有良知的好人放弃了见义而为。④ 在某些情况下,承诺高于成本的案例可能会阻碍道德义务。

---

① 唐爱民.大学生道德人格的时代征候及其教化[J].中国德育,2009(7):13-18.
② 傅维利.道德外烁的时代价值及教育策略[J].教育研究,2017(8):32-42.
③ [德]康德.道德形而上学原理[M].苗力田,译.上海:上海人民出版社,2005:17.
④ 李长伟.成本、信任与共同体的教化——对见义不为现象的一种分析[J].湖南师范大学教育科学学报,2012(9):5-9.

**2. 群体集聚程度不是道德责任履行情况的主要影响因素**

群体集聚程度对大学生履行道德责任没有产生明显影响，这个结论超出了本书的研究预期。根据预期的假设，群体集聚程度越高，成员之间互动性越强，相互感染性越强，从而强化或弱化彼此之间的道德责任状况。仿真实验的结果表明，群体集聚程度对道德责任状况的强化或弱化作用非常微弱，也就是说，群体集聚程度不是道德责任的主要影响因素。大学生主要是受不负责诱惑力和负责社会成本的影响，这些影响作用非常突出，从而使得群体集聚程度的影响作用显得微乎其微。

## 本章小结

根据第二章的实证研究方法，本章获得的校园内大学生道德责任总体特征如下：

总体特征之一，人际关系对大学生履行道德责任产生了显著性影响。当人际关系较好时，大学生会产生强烈的道义感知和自我责任认知，并且会意向性地产生道德行为。但是当人际关系一般时，大学生会产生较为明显的道德责任变化。此外，部分大学生填写调查问卷时会自觉不自觉地填写中小学教师在道德教育时强调的道义判断和责任判断，填写道德行为时也是会努力填写教育者期待的那种结果，这是他们在小学和中学时常常被班主任教育和要求的填写问卷方法。这就导致问卷调查数据结果存在一定程度的"噪声"现象，这是实证研究过程中常常面临的棘手问题。本书使用师生访谈数据对原始数据进行部分修正。修正后的数据结果表明，校园内大学生道德责任水平处于中等偏下状态，这也符合我们日常的经验和感受。

需要强调的是，本书只对校园内大学生总体道德责任水平进行了修正，给出了修正前后的结果以及修正过程，后面的调查问卷数据并没有进行修正。后面研究的是两两指标数据之间的差异状态，而不是具体数值的多少。本书认为,问卷数据结果一定存在"噪声",但是所有指标数据的水分虚高幅度是一致的,这就使得两个指标数据之间的差异状态的分析不受"噪声"影响。

总体特征之二,道义判断转化为道德行为的过程中,大学生责任判断起到非常明显的桥梁性作用。这也就验证了柯尔伯格的重要论断。从不同的二级道德责任指标来看,上述论断都是成立的。从正义公正的道义判断到道德行为,责任判断并不是起到完全的桥梁性作用,也存在一定幅度的失衡力,责任判断没有起到作用。这就引出了一个需要研究的重要问题,即失衡力范围对大学生群体履行道德责任是否产生显著的影响作用。由于问卷调查很难对此进行研究,因此,本书使用仿真实验法对此进行研究,从而获得总体特征之三。

总体特征之三,责任判断对道德行为的失衡力范围对大学生群体履行道德责任没有产生明显影响。本书设定了不同的失衡力范围,利用博弈演化理论构建仿真实验,经过反复实验,最终获得上面的结果。对于这个仿真实验结果,我们需要辩证地看待,也许这个实验结果解释了道德责任中的一条有价值的规律性东西;也许这个实验结果是不充分的,甚至是错误的,因为实验条件是有限的,道德问题是复杂的,有限的手段似乎不能彻底弄清楚复杂事物内在的规律性东西。

总体特征之四,不负责诱惑力和负责社会成本对大学生履行道德责任起着负作用。不负责诱惑力和负责社会成本对大学生履行道德责任产生明显的负作用,这是正确道德认知转化为道德行为过程的道德规律的必然结果。道德情感和意志是不负责诱惑力和负责社会成本两个因素在个体身上的表象特征。群体集聚程度对大学生履行道德责任没有产生明显影响,这个结论超出了本书的研究预期,还需要后续研究的进一步验证。

总之,仿真实验拓展、丰富和发展了柯尔伯格的重要论断,几个仿真实验结果也验证了我们日常感知的情况,特别是给出了明确的关键性数据节点和阈值。本书首次应用仿真实验法研究道德问题,获得的研究结论必然存在这样或那样的不足之处。不断改进和完善仿真实验,必将获得更多有意义、有价值的研究结果。

# 第五章

# 校园内大学生道德责任现状的维度特征与分析

在校园内大学生道德责任的分析结构中,按照层次维度,道德责任划分为基本道德责任和超义务道德责任;根据利益损失倾向维度,基本道德责任划分为不损他道德责任和不损互利道德责任;根据利益增减维度,超义务道德责任划分为增加他人合法权益和制止或防止他人合法权益被侵犯,分别选取帮助他人道德责任和举报他人道德责任;根据事件类型维度,道德责任划分为学习方面道德责任和生活方面道德责任;根据交往对象维度,道德责任划分为与同学交往时道德责任、与教师交往时道德责任和与职工交往时道德责任。对道德责任的每一次划分,都是对道德责任属性特征的一次概括。结合调查问卷数据结果,本书获得了校园内大学生道德责任的五个维度特征。大学生与同学、教师和职工交往时,人际关系一般时的道德责任状况最能体现和预示大学生未来与陌生人交往时的道德责任状况。因此,本章分析过程的数据都使用人际关系一般时的问卷数据结果。

## 一、大学生基本道德责任水平和超义务道德责任水平的差异情况

### (一)特征概况:基本道德责任水平高于超义务道德责任水平

表 5-1 显示,无论是从总体道德责任水平还是从道义判断、责任判断

和道德行为的角度进行观察,大学生履行基本道德责任水平都高于超义务道德责任水平。均值检验时,置信区间选择99.9%,所有的相伴概率$P$值均小于0.005,这意味着,在置信水平$P=0.005$时,道德责任的层次性对大学生总体道德责任水平、道义判断、责任判断和道德行为都有着极其显著性影响。此外,基本道德责任和超义务道德责任之间的相关程度在0.32～0.43。在置信水平$P=0.005$时,基本道德责任和超义务道德责任之间的相关性达到了极其显著性水平。

表 5-1　　　　大学生道义判断、责任判断和道德行为的水平

| 道德责任 | 层次 | 均值 | 相关性 | | 均值检验 | |
| --- | --- | --- | --- | --- | --- | --- |
| | | | 相关系数 | $P$ | $t$ 值 | $P$ |
| 道义判断 | 基本 | 3.86 | 0.416 | 0.000 | 15.072 | 0.000 |
| | 超义务 | 3.56 | | | | |
| 责任判断 | 基本 | 3.87 | 0.414 | 0.000 | 14.951 | 0.000 |
| | 超义务 | 3.57 | | | | |
| 道德行为 | 基本 | 3.82 | 0.320 | 0.000 | 17.468 | 0.000 |
| | 超义务 | 3.43 | | | | |
| 总体道德责任水平 | 基本 | 3.85 | 0.425 | 0.000 | 17.404 | 0.000 |
| | 超义务 | 3.51 | | | | |

各个维度的数据结果都显示,校园内大学生基本道德责任水平高于超义务道德责任水平,并且达到了统计学意义上的极其显著性水平。基本道德责任水平和超义务道德责任水平之间的相关性达到了中等相关程度,并且达到了统计学意义上的极其显著性水平,这符合基本道德责任和超义务道德责任之间的关系。

(二)原因分析

**1. 特征概况符合道德责任发展的一般规律**

校园内大学生基本道德责任水平高于超义务道德责任水平,符合道

德责任发展的一般规律。基本道德责任是底线的道德责任,具有强制性,大学生必须认真履行所有的基本道德责任。超义务道德责任是升华的道德责任,不具有强制性。能够履行所有的基本道德责任,则不一定能够履行超义务道德责任。能够履行部分或所有超义务道德责任,则一定能够履行所有的基本道德责任。基本道德责任是超义务道德责任的下层建筑,超义务道德责任是建立在基本道德责任基础上的上层建筑。如果下层建筑必须坚固,上层建筑可以相对比较脆弱,整体建筑是稳定的,不会坍塌。如果下层建筑相对比较脆弱,上层建筑坚固,整体建筑必然坍塌。因此,就大学生群体而言,基本道德责任水平必然高于超义务道德责任水平。

**2. 完全契约易形成,不完全契约不易形成**

校园里大学生基本道德责任水平极其显著地高于超义务道德责任水平,其首要原因是道德责任的完全契约容易形成,而道德责任的不完全契约不易形成共识。学校制定的学生规章制度,很多时候只能指出一般的原则、注意事项和奖惩措施,学生守则也不可能事无巨细。比如,强调要同学友爱,相互帮助。学生守则里不可能明确指出要主动给缺课的同学辅导功课,但是根据"同学友爱,相互帮助"这一原则,掌握这节课知识的同学有责任去主动帮助缺课的同学,而不能完全把责任推给学习委员,或者根据关系的亲疏远近而决定是否帮助他。对于多数人而言,自己与他人的距离,不论是身体上还是情感上,都是一个深刻的道德事实,这对他们的责任感造成了意义深远的影响……培养对看不到的陌生人的同情却似乎是一种抽象的、次等的、额外的道德感情——足够令人钦佩,但是超出了对正常人的期待。① 可是,如果对方不是看不到的陌生人,而是与自己在校园学习和生活持续数年之久的同学,特别地,"同学友爱,相互帮助"是学校教育和宣传中反复提出的道德倡议和要求,这就产生了一个显

---

① [美]拉里莎·麦克法夸尔.陌生人溺水[M].王燕秋,译.长沙:湖南人民出版社,2017:66.

然的道德事实,帮助同学虽然是一种超义务行为,但也有道德责任的属性特征,这是一种超义务道德责任要求。

在访谈教师时,教师 JS7 讲述了一段经历,并提供了学生发给她的微信内容。有次上课时,因为没有学生帮自己擦黑板,她生气了,说了几句抱怨的话。课后,一名学生给她发来微信:"老师,我是会计 8 班的,你可能认不出哪个是我,不过今天看你课上发脾气还真的挺心疼的。但我们这三个班一直都是这样,对每个老师都是这种爱搭不理的,不是因为不喜欢你,可能是被班级整体氛围带成了这样。但我们班里还是有很多同学喜欢老师你给我们上课的,因为觉得老师你特别认真,而且讲得也好。有时候很想去帮老师擦个黑板什么的,不过因为我不是班干部什么的,如果去了可能会给同学一种献殷勤的感觉(相信老师能理解我那种心情)。"

教师 JS10 提供了一条来自学生的短信:"我是班长,平时为班级同学做了很多服务性工作,特别是帮助你擦过几次黑板。我想获得奖学金,也想入党。希望你多给我一些平时成绩,试卷卷面分数也尽量多给一些。"

由两个学生的微信内容可知,对于帮助老师擦黑板这个问题,有的学生认为这是班干部的角色责任,而班干部认为这是师生相互回报的责任。虽然任课教师多次明确表示擦黑板是所有同学都应该必须去做的事情,隐含着这是所有学生的道德责任,但是,显然大学生并不认可强加给他们的这个道德责任。在大学生看来,完全契约的达成不是权力拥有者的单方界定,而应该是经过他们同意的。完全契约尚且如此,不完全契约自然更难达成和被遵守。

## 二、大学生不损他道德责任水平和不损互利道德责任水平的差异情况

### (一)特征概况:不损他道德责任水平高于不损互利道德责任水平

表 5-2 显示,无论是从总体道德责任水平还是从道义判断、责任判断

和道德行为的角度进行分析,大学生不损他道德责任水平都高于不损互利道德责任水平。均值检验时,置信区间选择99.9%,相伴概率 $P$ 值小于0.005。也就是说,大学生不损他道德责任水平明显高于不损互利道德责任水平,并且达到了统计学意义上的显著性水平。此外,不损他道德责任和不损互利道德责任之间的相关程度在0.44~0.53。在置信水平 $P=0.005$ 时,不损他道德责任和不损互利道德责任之间的相关性达到了极其显著性水平。

表 5-2 　　　　大学生道义判断、责任判断和道德行为的水平

| 道德责任 | 层次 | 均值 | 相关性 | | 均值检验 | |
| --- | --- | --- | --- | --- | --- | --- |
| | | | 相关系数 | $P$ | $t$ 值 | $P$ |
| 道义判断 | 不损他 | 3.92 | 0.435 | 0.000 | 8.191 | 0.000 |
| | 不损互利 | 3.76 | | | | |
| 责任判断 | 不损他 | 3.92 | 0.517 | 0.000 | 7.593 | 0.000 |
| | 不损互利 | 3.79 | | | | |
| 道德行为 | 不损他 | 3.90 | 0.471 | 0.000 | 12.035 | 0.000 |
| | 不损互利 | 3.67 | | | | |
| 总体道德责任水平 | 不损他 | 3.91 | 0.532 | 0.000 | 10.175 | 0.000 |
| | 不损互利 | 3.74 | | | | |

无论是从总体道德责任水平、道义判断、责任判断和道德行为的角度,还是从性别、年级、城乡、成绩、是否独生子女、学科、学校性质、地域和职务等身份特征(不包括大四和来自南方的学生)的角度来看,大学生不损他道德责任的水平都高于不损互利道德责任水平。也就是说,大学生不损他道德责任水平都高于不损互利道德责任的水平,是比较良好的道德教育结果,是学校道德责任教育的目标之一。

在基本道德责任结构中,不损他道德责任和不损互利道德责任都是底线的道德责任,都具有强制性,是大学生必须认真履行的道德责任。由

# 第五章 校园内大学生道德责任现状的维度特征与分析

于不损他道德责任只涉及他人权益,不损互利道德责任涉及自我和他人权益,显然,不损他人权益的要求要高于不损自我和他人权益的要求。学校道德责任教育的目标之一是强化学生首先做到不损他而利己,然后做到不损互利而利己。

## (二)原因分析

校园里大学生不损他道德责任水平高于不损互利道德责任水平,其主要原因是大学生能够清晰地界定损害他人权益和损害互利的前提条件。为了更好地阐释这个原因,先梳理大学生对具体情境里损害他人权益和损害互利问题的理解。

### 1. "标准"公共空间里不损害他人权益,"非标准"公共空间里损害他人权益

读书学习需要安静的外部环境,教室和图书馆是读书学习最适宜的地方。即便没有明显的提示性标注,读书10多年的大学生已经在内心形成共识性的道义判断:教室和图书馆等学习环境一定要安静,处于这些环境中的任何人都不能喧哗,不能接听手机,等等。教室和图书馆是最"标准"的公共学习空间,任何影响安静氛围的举动必然会引起公愤,受到道德上的谴责。即便道德行为偶尔滞后和欠缺,但是大学生基本都能做到正确的责任判断,认为自己应该遵守这些公共学习空间的规则规范。大学生偶尔也会非故意地打扰别人的学习,当看到别人不满时,绝大多数大学生都能够及时检讨自己的过失,他们能够承认自己损害了他人的合法权益,纠正自己的不当行为。

访谈学生过程中,XG8和XG9两位学生认为,同样是有人在看书学习,同样是公共空间,但是当这个公共空间不是学习的公共空间,而是休息和娱乐等公共空间时,影响别人看书学习就不属于侵犯他人合法权益。大学生能够辨别教室、图书馆、食堂、操场和寝室等公共空间的属性特征,并且能够认知到不同公共空间对大学生的要求是存在差异的,不存在整

齐划一的规范性要求。例如，在寝室里，熄灯就寝前，有的同学在看书学习，有的同学上床入睡，其他同学说话聊天就不属于侵犯看书学习者的合法权益。相反，如果看书学习的同学影响了睡觉的同学，那就是看书学习的同学侵犯了上床入睡同学的合法权益，因为寝室不是学习的公共空间，是这个寝室室友休息的公共空间。熄灯就寝后，有的同学使用电灯继续看书，灯光影响到其他人的睡眠，这是对公共权益的侵犯，是一种不履行基本道德责任的典型行为。

在公共空间里不打扰别人，不能非法侵犯他人合法权益是一个基本的道德责任。这里的非法意指道德之法，而非法律之法。在公共空间中影响他人的行为是否非法，需要分情况进行讨论：第一种情况，如果有人在食堂看书，旁边吃饭的同学大声说话会打扰看书的同学，这种行为不被认为是侵犯他人权益的行为，因为看书的同学选错了学习的公共空间；第二种情况，晚自习时，如果不得不咨询正在看书的同学某件事情，例如询问是否在刚才留意到桌面上学习用品被别人拿走，这样的行为虽然打扰了对方的学习，但是一般来说，这种行为不被认为是侵犯他人合法权益的行为，而是属于合理地打扰别人的行为；第三种情况，晚自习时，有人在教室里看书，进入教室的同学继续大声说话，这种行为被认为是侵犯了看书同学的权益的行为，是一种违背道德规范要求的行为。同样都是打扰别人看书，首先要区分是否在学习的公共空间，其次要区分是否属于在道德上不合常理地、不合法地打扰别人。情境不同，打扰别人的性质也存在显著差异。所以，判别一种行为是否不负责任，不能只看行为本身，要依情境而定性。

**2. 个人权益损失小时不损害他人权益，个人权益损失大时损害他人权益**

很多情境中，大学生能够辨明不损害他人合法权益的责任，准确进行道义判断和责任判断，但是行动的道德水平却较低，在这里，个人权益损失的权衡是一个主要变量。出于个人自身原因导致个人权益面临损失时,如果个人权益损失很小,大学生并不在意这点损失,他们会明确地不去打扰别人,不去损害他人合法权益;如果个人权益损失达到了不能忍受的程度,大学生会优先考虑自己的权益,此时,他人的合法权益处于次要位置。例如访谈学生时,XG9同学对于是否打扰寝室管理员的休息而取回落在楼外衣物的简略回答,能够充分体现个人利益损失程度对于大学生是否履行道德责任的影响作用。同学 XG9 说:"要看这件衣服重不重要了。我的话不确定。如果不重要的话,明早再去取。如果重要,明天要穿,我肯定会去的。会打扰别人,人家肯定要睡觉了,但是也要去。"

个人权益损失的阈值位置因人而异。面对同样一件坠落的衣物,不同家庭背景的学生对之感受不同,由此产生的个人权益损失的阈值也不同。面对损他利己和不损他但损己的矛盾和冲突,大学生在进行道义判断和责任判断时能够明确损害他人合法权益是不应该的,道德行为的选择出现了差异。有的学生认为自己权益损失很小,自己能够承受,因此选择不去损害他人合法权益。但是有的学生认为自己权益损失很大,自己不能承受,自己的权益高于他人的权益,为了实现个人权益,牺牲他人的合法权益是情有可原的。

### 3. 个人权益优先于集体权益,因而选择损害互利

一般地,集体精神的教育肇始于幼儿园里的学习和生活。在幼儿园、小学、中学和大学等各阶段的学校教育中,集体精神的教育具有非常重要的地位。小到学习小组和值日小组,大到班级、年级和学校,大学生集体生活已经持续10多年的时间,他们能够深切体会到:在享受集体福祉的同时,一定要维护集体利益,只有集体强大了,个人权益才会得到庇佑。从学生访谈结果来看,几乎所有学生的道义判断基本一致:在合乎法律、纪律和道德等规范要求下,当个人利益和集体利益发生冲突时,应当维护集体利益。

校园生活中很多道德两难问题都是关于如何在互利和损他利己之间

进行选择。一些大学生之所以选择损他利己的行为,是因为他们认为互利行为损害了个人权利,个人没有义务为了实现互利共赢而损害个人权益。在访谈学生过程中,学生 XG9、XG11 和 XS11 等人非常强调个人权利,认为集体充分尊重个人权利是首要条件,他们都忽视了个人服从集体利益才应当是首要条件,这也是当今大学生个性释放和发展的一个负面结果。寝室熄灯后,继续开小灯学习、玩电脑游戏、洗衣服等,这些行为都会影响其他同学休息,是对集体权益的侵犯。然而,一些大学生强调这些都是个人的权利,集体应当尊重自己的合法权益。这些事情往往就是大学寝室室友之间矛盾的导火索。随着矛盾升级,冲突不断,最后辅导员不得不拆分寝室。不仅在寝室里,在班级生活和学习过程中,也有类似情况发生。一些大学生常常凭自己的喜好做事,不考虑集体权益是否会受到影响。当自己遇到麻烦时,他们会想到集体,希望得到集体的帮助。在强制性集体活动时,他们又会想自由活动。集体权益和个人权利不断地发生冲突,如果得不到很好的调节,集体就会逐渐分崩离析,散沙一盘,没有凝聚力,更不会有战斗力。道德是以对他人负责为前提的,如果人们获得的自由是以脱离他人或群体为条件的,那么这样的自由不符合人的本质。[①]

综上,基本道德责任方面:大学生是否损害他人权益的依据之一是公共空间的属性特征,公共空间主要有学习性质、休息性质、娱乐性质等不同属性特征,不同属性特征的公共空间对行为要求是有差异的;大学生是否损害他人权益的依据之二是个人权益损失的大小,个人权益损失越大,个体越倾向于损害他人权益;是否损害互利的依据是集体权益是否较大地限制了个人权利。公共教育已渗透各个学科日常的教学过程中,学生对公共空间的识别和公共规范的理解等能力日益提升,舆论的震慑力也在快速提升,因此,公共空间里侵犯他人权益的行为正逐渐减少。物质水

---

① 乌静.道德源于社会:对重庆公交坠江事件的现代性反思[J].中国青年社会科学,2019(1):38-44.

平的大幅提升也使得很多大学生越来越少地计较个人物质权益的损失。以上两个原因使得损害他人权益的行为正逐渐减少。相反,损害互利的行为却越来越多,因为大学生越来越强调自己的个人权利,弱化自己对集体的义务。当个人利益和集体利益发生冲突时,大学生越来越倾向于选择个人利益,道义判断和责任判断明显发生了脱节现象。

## 三、大学生帮助他人道德责任水平和举报他人道德责任水平的差异情况

### (一)特征概况

表 5-3 显示,从总体道德责任水平和道德行为的角度来看,大学生履行帮助他人道德责任的水平都高于举报他人道德责任的水平。均值检验时,置信区间选择 99.9%,所有的相伴概率 $P$ 值均小于 0.005,这意味着,在置信水平 $P=0.005$ 时,大学生帮助他人道德责任水平都明显高于举报他人道德责任水平,并且达到了统计学意义上的显著性水平。

表 5-3　　大学生道义判断、责任判断和道德行为的水平

| 道德责任 | 层次 | 均值 | 相关性 | | 均值检验 | |
|---|---|---|---|---|---|---|
| | | | 相关系数 | $P$ | $t$ 值 | $P$ |
| 道义判断 | 举报 | 3.59 | 0.702 | 0.000 | 0.450 | 0.653 |
| | 助人 | 3.58 | | | | |
| 责任判断 | 举报 | 3.57 | 0.663 | 0.000 | -2.094 | 0.036 |
| | 助人 | 3.61 | | | | |
| 道德行为 | 举报 | 3.36 | 0.674 | 0.000 | -9.258 | 0.000 |
| | 助人 | 3.54 | | | | |
| 总体道德责任水平 | 举报 | 3.51 | 0.737 | 0.000 | -4.299 | 0.000 |
| | 助人 | 3.58 | | | | |

从道义判断和责任判断的角度来看,大学生帮助他人道德责任水平

和举报他人道德责任水平非常相近。均值检验时,置信区间选择 99.9%,所有的相伴概率 $P$ 值均大于 0.005,这意味着,在置信水平 $P=0.005$ 时,大学生帮助他人道德责任水平和举报他人道德责任水平差异性非常小,没有达到统计学意义上的显著性水平。

此外,举报他人道德责任和帮助他人道德责任之间的相关程度在 0.66~0.74,这就意味着两者之间的相关程度已经达到了强相关。在置信水平 $P=0.005$ 时,举报他人道德责任和帮助他人道德责任之间的相关性达到了极其显著性水平。

### (二)原因分析

#### 1. 大学生错误地判断"帮助"的道义性质,推脱"帮助"的责任

在日常学习和生活中,某个同学遇到困难,其他同学能够给予帮助但是没有同学主动伸出援助之手。在选择是否帮助他人时,与被帮助者的人际关系是最主要的影响因素。然而,另一个非常重要的影响因素却很少被关注和研究,即帮助他人是不是一件有意义的事。

访谈过程中,对于是否应该主动给缺课同学辅导功课的问题,学生 XS6 认为应该主动提供帮助,学生 XG1 认为应该根据自己与对方的关系而定,学生 XS1、XS7、XG12 和 XG14 认为是否提供帮助要根据缺课同学的缺课原因而定,学生 XG3、XS3 和 XS13 认为不应该主动,只有对方主动提出请求后,自己才会考虑是否帮助,学生 XS5、XG6、XG9、XS9 和 XS12 认为不应该主动帮助。这五位学生强调"不帮助是本分,帮助是情分"的观点,学生 XG8 和 XS8 认为主动帮助缺课同学是具有一定班级职务的同学的责任。显然,一些同学为主动帮助他人设定了一些条件,例如,缺课同学的缺课原因是否为特殊情况或集体利益,缺课同学是否主动提出辅导请求等。还有一些学生强调不帮助他人才是自己的本分工作。也有学生强调帮助缺课同学辅导功课是学委等班干部的责任,普通同学没有这个责任。

## 第五章 校园内大学生道德责任现状的维度特征与分析

有的学生表达了这样一种观念:自己主动帮助他人是多管闲事,没有做好本分工作;有的同学主动帮助他人,其动机也是值得怀疑的。用一句话进行概括,他们都秉持这样一种观念,即"各人自扫门前雪,莫管他人瓦上霜"。当他人主动求助自己时,根据两人之间的关系和利益得失等情况,有条件和有保留地提供帮助。从个人角度来看,"他人即是地狱",无涉个人利益,甚至会损伤个人利益。然而在现实生活和学习中,自己陷入困境,孤独无助,又渴望他人伸出援手,他人的举手之劳将是自己的救命稻草。也有一些同学陷入困窘之中,又不知向谁求助,他们深知自己以前无助于他人,此时他人必然无助于自己。上述状况形成了恶性循环:一些大学生固守狭隘思维方式,偏执于"安守本分"不去主动帮助他人;当自己需要他人帮助时,无人伸出援手;当他人遇到困难,虽然举手之劳就能解困于他人时,但自己继续"安守本分"。所有人都持有相同的理念,选择相同的行为方式,最后演变成为一个冷漠的集体。

大学生与教师相处时,也会出现类似上面的情况。

例如,在上课前,大学教师经常会发现黑板没有被擦拭,满黑板都是前一堂课教师留下的板书。很多大学教师会期待或要求学生来擦黑板。也有大学教师不明确提出这个要求,但是上课铃声响起后,黑板仍然没有被擦拭,他们会非常生气,甚至直接在没有擦拭的黑板上板书。大学生擦拭黑板是一项道德责任吗?从访谈结果来看,很多同学的回答相对来说是比较积极的。

学生 XG1 和 XG3 认为擦黑板是坐在前面上课同学的责任,座位空间的优越性决定了这些同学应该承担擦拭黑板的任务。学生 XS6 经常帮助老师擦拭黑板,她认为自己身为班干部是有擦拭黑板的责任要求的。学生 XS4 认为是否帮助老师擦拭黑板要根据当时的情境,看老师身体状况和是否忙碌。学生 XG9 认为教师体质情况不应该成为决定是否擦拭黑板的影响因素,对于年纪大的、怀孕老师、年轻老师之间不应该进行区别对待。学生 XG9 认为擦拭黑板能够体现出学生们"懂事"和尊敬老师。

学生 XS9 认为大部分学生都有给老师擦黑板的想法，但是担心其他同学误会擦黑板的意图，所以，虽然都能做出正确的道义判断和责任判断，但是却选择了消极的行动。

虽然多数大学生都认为应该帮助老师擦拭黑板，但对于什么情况下教师可以批评学生不擦拭黑板设置了很多限定性条件，而这些限定性条件都忽略了教师身体状况这一点。比较常见的是怀孕八九个月的女教师仍然擦拭着黑板，手指受伤、明显裹着创可贴的老师自己慢慢地、非常费劲地擦拭着黑板，等等。对于这些有着特殊状况的老师，学生往往淡然面对，不会有任何积极主动的行动表现。即便是这些老师说了自己的特殊情况，抱怨学生不主动帮助自己，学生们下次上课也不会主动帮助擦拭黑板。即便是和这些老师关系不错的大学生，也是如此。经常用微信请教老师课程问题的学生，亦是如此。总之，不管关系如何，不管老师课外提供多少辅导，绝大多数学生都不会主动帮助老师擦拭黑板。

从上面两个帮助同学和帮助老师的例子可以看出，很多大学生道义判断是错误的，他们缺少友善意识，认为自己没有责任帮助身边朝夕相处的同学和老师。在他们看来，如果主动帮助，也应该是利益的交换。访谈时，一些教师也提到了学生擦拭黑板后会向任课教师索要高一些的平时成绩，甚至有的班长也会提出自己帮助任课教师管理课堂纪律了，所以任课教师应该给予平时成绩高些的回报。也就是说，很多大学生心目中的"帮助"是一种利益的互换，而不是无私的"友善"。如果不想进行利益交换，他们就选择不帮助同学和老师，并且常常强调不能道德绑架，为自己的不作为推脱。

**2. 大学生错误地判断"举报"的道义性质，反对"举报"的正义性**

在大学校园里，学业作弊的大学生侵犯的是包括每个同学利益在内的集体利益。举报违纪学生是大学生的一个道德责任要求，但属于不完全道德责任。

在访谈时，学生 XG8 不认为考试作弊的学生是在侵犯自己和其他同学的合法权益,仅仅认为如果向辅导员或其他老师举报这个考试作弊的学生,是在帮助这个学生。学生 XG9 承认举报考试作弊学生是大学生的一个道德责任,但他顾及同学关系,害怕举报行为被其他人知道,自己反而受到排挤。学生 XG9 认为,举报考试作弊应该是老师"眼线"的责任,如果和老师关系一般,老师不会保护自己的信息,他会告诉其他同学,进而全班同学都会知道自己的举报行为,自己将会被其他同学孤立。在少数大学生看来,必须有人承担举报考试作弊这个道德责任,但是承担者具有特殊身份。行善者的善并不总是服从,相反,它常常是对他成长过程中遵循的规则与习俗的反叛。行善者看起来如此奇怪的部分原因是他们凭自己的意志行动。他们服从的是自己制定的规则,驱动他们的是他们从还不知道责任是什么的时候就感觉到的一种责任感,而非其他人对责任的看法。[①] 在接受访谈的学生中,只有学生 XS7 举报过学生作弊现象,学生 XG2 后悔自己没有坚持原则去举报其他学生的作弊现象。面对与个人利益无关的他人合法权益被侵犯的现象,一些大学生选择了回避。学生 XS4 认为举报会连累半个班级的同学,举报者会成为全班学生的公敌。

在访谈中,学生 XG3 认为平时的考试不需要举报,只有那些"不服气的同学以及看不惯的同学"才可以去举报。学生 XS6 很同情那些为了及格而考试作弊的学生,认为他们作弊"情有可原"。但学生 XS6 又认为举报作弊适用于那些不经过努力而比别的同学考得高的同学。依据学生 XS6 的逻辑,为了及格,学生们可以作弊,但是如果能够考及格,就不应该作弊,如果此时作弊,就应该被举报。学生 XG6 也是非常同情作弊的学生,认为举报作弊的学生是在为难别人,学生之间不应该相互为难。学生 XS12 认为只要作弊没有影响到自己的利益,就不需要去举报作弊。学生 XG1 认为事不关己,不会选择举报。在受访者中,只有学生 XG2 强烈认知到举报作弊是大学生的责任,虽然他也未曾举报作弊同学,但是他感受

---

① [美]拉里莎·麦克法夸尔.陌生人溺水[M].王燕秋,译.长沙:湖南人民出版社,2017:290.

到了悔意。少数大学生对举报考试作弊的道义判断符合正义性,但责任判断和道德行为明显较低。

有少数大学教师在上课过程中经常当众浏览和发送手机微信信息,并接听电话,对于这种违反学校教学纪律的事情,大学生的认知和判断也出现了分歧。一部分大学生非常宽容和谅解这些老师,认为"举报"是小题大做。例如,学生 XS2 认为老师在讲一些不太重要的知识或是在同学们做练习的时候,就可以任意使用手机。学生 XG1、XS9 和 XG11 认为老师短时间使用手机是可以理解的,只有在太长时间使用手机情况下才应该被举报。学生 XS1、XG1、XG3 和 XS11 等强调学生应该理解老师,认为老师浏览手机信息、发送微信信息和接听电话等行为都是可以被理解的,因为老师一定是有紧急的事情需要处理。

另外一部分学生则坚决表示应该举报违纪教师,因为这些教师的行为已经侵犯了学生们的合法权益。学生 XS4 虽然没有举报过,但是觉得有点后悔,他认为大学生很少在学习上捍卫自己的权利。只有 XS7 举报过,他认为大学生有权利和理由举报课堂上不认真教学的老师。学生 XS4 提到了给自己上课的一位老师经常有这样的行为,但是也没有学生举报。

### 3. 不同身份特征的大学生道德勇气和道德认同存在差异

大学生帮助他人和举报他人道德责任的身份特征方面,从性别、年级和成绩等身份特征来看,两种道德责任水平之间的差异不突出。这就意味着从男女性别、年级高低和成绩好坏角度来分析,是否帮助他人和是否举报他人在上述情境的差异不明显。但是也要注意,如果显著性水平设定在 $P=0.01$,女生帮助他人和举报他人道德责任水平之间的差异达到了显著性水平,也就是说,女生明显地区分帮助他人和举报他人道德责任。这与女生身体强壮程度弱于男生,以及女生道德勇气较弱有关。

帮助他人道德责任和举报他人道德责任在道义判断、责任判断和道德行为等方面的差异依次是非常微小、变大和极其明显。这是因为责任

第五章　校园内大学生道德责任现状的维度特征与分析

判断在道义判断转化为道德行为过程中起着牵引力作用,责任判断的向上牵引力和向下牵引力放大了从道义判断到道德行为过程的波动幅度。

大学生帮助他人和举报他人道德责任的性别特征方面:整体来看,男生道德责任均值高于女生道德责任均值;在显著性水平 $P=0.005$ 时,男生在帮助他人和举报他人道德责任方面差异不显著,女生也是如此;在显著性水平 $P=0.01$ 时,男生在帮助他人和举报他人道德责任方面差异不显著,女生在帮助他人和举报他人道德责任方面差异显著,达到了显著性水平。这意味着,在结论犯错的概率小于 0.5% 的前提下,可以得出这样的结论:帮助他人和举报他人道德责任方面没有性别差异。把结论犯错的概率限定在小于 1%,可以得出这样的结论:帮助他人和举报他人道德责任方面存在性别差异,男生道德责任方面不显著区分帮助他人道德责任和举报他人道德责任,而女生则不然,女生对帮助他人和举报他人道德责任的区分很明显。赵倩(2018 年)的研究结果也验证了这点,相对于女生,男生的道德认同能够更为显著地影响道德行为,从而促使其产生更多利他行为,这是因为男生的道德关注圈可能大于女生,从而使得道德认同对道德影响作用更大。[①]

## 四、大学生学习方面道德责任水平和生活方面道德责任水平的差异情况

### (一)特征概况

表 5-4 显示,无论是从道义判断、责任判断、道德行为还是从总体道德责任水平的角度来看,大学生学习方面道德责任水平都高于生活方面道德责任水平。均值检验时,置信区间选择 99.9%,相伴概率 $P$ 值小于 0.005。也就是说,此时,大学生学习方面道德责任水平明显高于生活方

---

① 赵倩.大学生道德认同与网络利他行为:网络道德与性别的作用[J].中国临床心理学杂志,2018(6):1226-1229.

面道德责任水平,并且达到了统计学意义上的显著性水平。此外,举报他人道德责任和帮助他人道德责任之间的相关程度在 0.75~0.80,达到了强相关程度。在置信水平 $P=0.005$ 时,学习方面道德责任和生活方面道德责任之间的相关性达到了极其显著性水平。

表 5-4　　　　大学生道义判断、责任判断和道德行为的水平

| 道德责任 | 层次 | 均值 | 相关性 | | 均值检验 | |
| --- | --- | --- | --- | --- | --- | --- |
| | | | 相关系数 | $P$ | $t$ 值 | $P$ |
| 道义判断 | 学习方面 | 3.79 | 0.753 | 0.000 | 5.502 | 0.000 |
| | 生活方面 | 3.73 | | | | |
| 责任判断 | 学习方面 | 3.78 | 0.764 | 0.000 | 3.501 | 0.000 |
| | 生活方面 | 3.75 | | | | |
| 道德行为 | 学习方面 | 3.70 | 0.750 | 0.000 | 3.230 | 0.000 |
| | 生活方面 | 3.65 | | | | |
| 总体道德责任水平 | 学习方面 | 3.76 | 0.801 | 0.000 | 5.174 | 0.000 |
| | 生活方面 | 3.71 | | | | |

## (二)原因分析

### 1. 学习方面的契约易形成,生活方面的契约不易形成

校园生活主要以学习为目的和内容,容易形成良好的学习惯例。学习方面的契约较为明确,容易形成完全契约,生活方面的契约较为模糊,不容易形成完全契约。

互动的大多数形式依赖于参与人对于确定的共同规则的遵循,即使看起来不一定是有意识的。[1] 以网络空间里打扰别人为例,随着网络技术的迅猛发展,QQ 群和微信群已经成为人们交往的非常重要的网络公共领域。大学生在物理公共领域的行为方式直接映射在网络公共领域中。

---

[1] [德]朱利安·尼达-诺姆林.理性与责任:实践理性的两个基本概念[M].迟帅,译.北京:北京大学出版社,2017:41.

## 第五章　校园内大学生道德责任现状的维度特征与分析

网络公共领域和社会物理公共领域的属性相同,都具有显著的公共性,受公共道德规范的制约。班级QQ群或微信群里,大学生向一个人或少数人发送信息,这些人的互动内容与其他人无关,出现在公共领域里必然会对班级QQ群或微信群里其他多数人形成一种事实的打扰。这种行为的实质是缺少规则意识,打扰了别人。大学生在班级QQ群或微信群里向一个人或少数人发送信息,这已经是一种非常普遍的现象,形成了一种惯例。这种惯例为什么能够形成呢?罗伯特·萨格登(Robert Sugden)用演化博弈论对此进行了分析。萨格登认为,人们日常的交往行为不断进行着各种演化,可以出现多个稳定均衡的状态,即很多人都会遵从行为习惯。多个稳定均衡状态彼此具有不同的突出性,如果某个稳定均衡状态的突出性得到更多人的关注,那么这个突出性就具备了普遍性,获得大多数人的遵从,此时的行为习惯就是惯例。我们遵循惯例,不仅因为它符合我们的利益,还因为它是我们所恪守的道德原则。如果任何一个行为人遵守它,该行为人的对手也遵守它是符合对手的利益的,这样规则便具有了道德力量。[①] 例如,在班级QQ群或微信群里,班干部向部分人或多数同学发出某个通知后,被通知者理应回复一条确认或补充信息。但是,这条确认或补充信息应该如何回复呢?起初,一些人单独给班干部回复一条确认或补充信息,但是他们很快就发现,类似情况下,其他很多人都是在QQ群里回复信息,尤其是班干部也都是这样回复,甚至个别班干部会委婉地强调"在群内回复即可"。经过一段时间,所有人都是在班级QQ群或微信群里回复信息。个人回复信息的对象非常明确,只是指向发送信息者一人,对其他人来说显然是无用的信息。虽然很多人并不认为这些无用的信息是在打扰其他人,他们认为,观看这些信息也是学习生活的一部分,可以作为一项消遣或娱乐。班级QQ群或微信群信息互动惯例形成后,大学生无视打扰他人工作的行为,把浏览与己无关的信息作为工

---

① 方钦.从社会规则到个人道德——论萨格登关于惯例的演化博弈论分析[J].社会科学战线,2008(6):47-64.

作消遣或娱乐方式。

如果QQ群或微信群建立的目的是满足学习的需要,比如班级或同专业或本校的考研群,出现了上述打扰别人的信息后,有同学会提出批评。在这个群里,大家很容易达成共识,不发与考研无关的信息,不发打扰其他同学的信息。但是,如果QQ群或微信群建立的目的是生活性的,方便联络,形成一个小团体,同样出现上述打扰别人的信息后,很少有同学会提出批评。即便偶有同学提出异议,也会被一些同学嗤之以鼻,认为这个提出异议的同学小题大做和不合群。显然,学习方面的共识性契约容易达成,因为大学生都清楚自己的首要职责是学习。然而,生活方面的共识性契约不易形成,易漠视他人生活安宁权和网络安宁权。

**2. 不同身份特征的大学生对于学习的重视程度不同**

大学生的身份特征方面,学习方面道德责任水平高于生活方面道德责任水平,有些大学生呈现的是差异显著性特征,而有些身份特征的大学生呈现的是差异不显著性特征,具体分析如下。性别方面,不管是学习方面道德责任还是生活方面道德责任,女生道德责任均值高于男生道德责任均值。这与范英(2013年)的研究结果一致,在学习责任认知、情感、意志、角色行为、能力行为和总体责任等方面,女生责任水平显著地高于男生,也就是说,女生的学习责任心要比男生的强。[①] 年级方面,大一学生刚刚进入大学,很多学生还会有一些高中学习的习惯,有一些努力学习证明自己的动力,自然重视学习方面道德责任。大四学生临近毕业,没有挂科的课程是每一个学生的底线要求,也是一些学生的努力奋斗目标,整体来看,大四学生也比较重视学业成绩,重视学习方面道德责任。处于中间阶段的大二、大三学生,因为比较清楚大学学业课程的种种事情,普遍呈现一种学习懒散状态。最后,对于学习成绩方面呈现出来的差异现象,学习成绩较好的学生会非常明显地区分学习方面道德责任和生活方面道德责

---

[①] 范英.大学生成就目标与学习责任心关系研究[D].太原:山西师范大学,2013:29.

任,而学习成绩一般的学生日常学习过程中不是很努力,对学习的关注度自然不如学习较好的同学,也不会在意学习方面道德责任和生活方面道德责任的差异。

## 五、大学生与同学、与教师和与非教职员工交往时道德责任水平差异情况

### (一)特征概况

**1. 与同学交往时道德责任水平和与教师交往时道德责任水平差异不明显**

表 5-5 显示,道义判断和责任判断方面,大学生与同学交往时道德责任水平高于与教师交往时道德责任水平。均值检验时,置信区间选择 99.9%,所有的相伴概率 $P$ 值小于 0.005,这意味着,在置信水平 $P = 0.005$ 时,大学生与同学交往时道德责任水平明显高于与教师交往时道德责任水平,并且达到了统计学意义上的显著性水平。道德行为和总体道

表 5-5　　　大学生道义判断、责任判断和道德行为的水平

| 道德责任 | 层次 | 均值 | 相关性 | | 均值检验 | |
|---|---|---|---|---|---|---|
| | | | 相关系数 | $P$ | $t$ 值 | $P$ |
| 道义判断 | 同学 | 3.79 | 0.634 | 0.000 | 3.148 | 0.002 |
| | 教师 | 3.75 | | | | |
| 责任判断 | 同学 | 3.80 | 0.660 | 0.000 | 3.843 | 0.000 |
| | 教师 | 3.75 | | | | |
| 道德行为 | 同学 | 3.68 | 0.624 | 0.000 | −1.007 | 0.314 |
| | 教师 | 3.70 | | | | |
| 总体道德责任水平 | 同学 | 3.79 | 0.627 | 0.000 | 0.610 | 0.542 |
| | 教师 | 3.78 | | | | |

德责任方面没有表现出上述特征。此外,与同学交往时道德责任水平和与教师交往时的道德责任水平之间的相关程度在 0.62~0.66。在置信水平 $P=0.005$ 时,与同学交往时道德责任水平和与教师交往时道德责任水平之间的相关性达到了极其显著性水平。

**2. 与教师交往时道德责任水平和与职工交往时道德责任水平差异明显**

表 5-6 显示,无论是道义判断、责任判断、道德行为还是总体道德责任,大学生与教师交往时道德责任水平高于与职工交往时道德责任水平。均值检验时,置信区间选择 99.9%,所有的相伴概率 $P$ 值小于 0.005,这意味着,在置信水平 $P=0.005$ 时,大学生与教师交往时道德责任水平明显高于与职工交往时道德责任水平,并且达到了统计学意义上的显著性水平。此外,与教师交往时道德责任水平和与职工交往时道德责任水平之间的相关程度在 0.62~0.66。在置信水平 $P=0.005$ 时,与教师交往时道德责任水平和与职工交往时道德责任水平之间的相关性达到了极其显著性水平。

表 5-6　　大学生道义判断、责任判断和道德行为的水平

| 道德责任 | 层次 | 均值 | 相关性 | | 均值检验 | |
|---|---|---|---|---|---|---|
| | | | 相关系数 | $P$ | $t$ 值 | $P$ |
| 道义判断 | 教师 | 3.75 | 0.641 | 0.000 | 4.604 | 0.000 |
| | 职工 | 3.68 | | | | |
| 责任判断 | 教师 | 3.75 | 0.657 | 0.000 | 3.894 | 0.000 |
| | 职工 | 3.69 | | | | |
| 道德行为 | 教师 | 3.70 | 0.629 | 0.000 | 6.243 | 0.000 |
| | 职工 | 3.60 | | | | |
| 总体道德责任水平 | 教师 | 3.78 | 0.641 | 0.000 | 7.575 | 0.000 |
| | 职工 | 3.66 | | | | |

## (二)原因分析:首属和次属关系群体影响道德责任的履行状况

大学生与同学交往和与教师交往时表现出来的道德责任差异不明显,大学生与教师交往和与职工交往时表现出来的道德责任差异明显,这是因为首属关系道德责任高于次属关系道德责任。在大学校园里,由于交往频次和交往重要性等,同学和教师都属于大学生的首属关系群体范围,而职工属于大学生的次属关系群体范围。大学生与同学和教师的心理距离较近,履行道德责任的意愿自然要更强一些。根据默顿社会文化理论的观点,文化结构和社会结构共同构成了影响人们行为习惯的外部环境。文化结构是指普遍适用于某一特定社会或群体之成员的指导行为的规范性价值标准。社会结构是指一整套把这一社会或群体成员以各种各样的方式联系在一起的社会关系。[1] 处于社会关系中的个人,受到所处社会文化和社会结构的影响,个人行为要符合习俗规范和职场规则等要求。以诚信为例,从对象维度来看,学生自己首先原谅的诚实的对象以及首先原谅的不诚实的对象都是亲人。如果排除亲人和同学(完全的竞争者)之外,教师在学生心目中的地位处于同学与陌生人之间。[2] 这就意味着,从学生的视角出发,按照履行道德责任程度从高到低的顺序,依次是同学、教师和陌生人。在这里,对交往的频次进行判断,职工可以属于陌生人范围。这与本书的研究结果相一致。

## 本章小结

按照道德责任分析结构的具体成分,校园内大学生道德责任状况的维度特征如下:

维度特征之一,大学生基本道德责任水平高于超义务道德责任水平,并且达到了极其显著性水平。这符合道德责任发展的一般规律,即基本

---

[1] [美]罗伯特·K.默顿.社会理论与社会结构[M].南京:译林出版社,2006.
[2] 李德显,傅维利,刘磊,王丹.我国儿童、青少年诚信观发展现状研究[J].教育科学,2011(2):1-7.

道德责任水平必然是高于超义务道德责任水平的。形成这个维度特征的主要原因是道德责任的完全契约容易形成,而道德责任的不完全契约不易形成。

维度特征之二,大学生不损他道德责任水平高于不损互利道德责任水平。基本道德责任包括不损他道德责任和不损互利道德责任。大学生是否损害他人权益的依据之一是公共空间的属性特征。公共空间主要有学习性质、休息性质、娱乐性质等不同属性特征,不同属性特征的公共空间对行为要求是有差异的。在标准公共空间里,大学生倾向于不损害他人合法权益。在非标准空间里,大学生不会顾及他人的权益。例如,就学习而言,自习室和图书馆都是标准公共空间,寝室和食堂是非标准空间。是否损害他人权益的依据之二是个人权益损失的大小,如果个人权益损失越大,个体越倾向于损害他人权益,反之,则不会。是否损害互利的依据是集体权益是否较大地限制了个人权利。大学生对公共空间的识别和公共规范的理解等能力日益提升,舆论的震慑力也在快速提升,因此,公共空间里侵犯他人权益的行为正逐渐减少。物质水平的大幅提升也使得很多大学生越来越少地计较个人物质权益的损失。以上两个原因使得损害他人权益的行为逐渐减少。相反,损害互利的行为却越来越多,因为大学生越来越突出强调个人权利,淡化自己对集体的义务。面对个人利益和集体利益的冲突,选择个人利益越来越成为大学生的首选。

维度特征之三,大学生帮助他人道德责任水平高于举报他人道德责任水平。超义务道德责任包括帮助他人道德责任和举报他人道德责任。是否帮助同学,要视情况而定,根据是否把帮助同学看作有意义的事情,或者把帮助同学看作"多管闲事"和没有"安分守己"。是否帮助老师是根据学生是否愿意更好地尊敬老师。很少有学生举报违纪的学生和教师,这是因为大学生受群体文化的影响,公平正义处于弱势之中,否定举报行为的道义属性,忽视个人权利,忽视集体权益。帮助他人道德责任和举报他人道德责任在道义判断、责任判断和道德行为方面依次从差异非常微小、差异变大到差异极其明显。这是因为责任判断在道义判断转化为道德行为过程中起着牵引力作用,责任判断的向上牵引力和向下牵引力放大了从道义判断到道德行为过程的波动幅度。这再次验证了柯尔伯格的论断"责任判断是正义和公正的道义判断通往道德行为的桥梁"。

维度特征之四,大学生学习方面道德责任水平高于生活方面道德责任水平。校园生活主要以学习为主要目的和内容,学习方面的契约较为明确,容易形成完全契约,生活方面的契约较为模糊,不容易形成完全契约。此外,在性别和年级方面,不同身份特征的大学生对于学习的重视程度不同,从而使得学习方面道德责任和生活方面道德责任之间的差异呈现了不同特征。

维度特征之五,大学生与同学和与教师交往过程时道德责任水平没有出现明显差异,与教师和与职工交往时道德责任水平出现了明显差异。在大学校园里,由于交往频次和交往重要性等,同学和教师都属于大学生的首属关系群体范围,而职工属于大学生的次属关系群体范围。大学生与同学和教师的心理距离较近,履行道德责任的意愿自然要更强一些。这符合首属关系道德责任水平高于次属关系道德责任水平的道德规律。

# 第六章
# 提升校园内大学生道德责任水平的教育对策

前言中已做分析,为了培养大学生具有良好的社会责任感,应该首先培养学生在校园内履行道德责任。只有实现了后面的培养目标,前面的培养目标才可能实现。如果后面的培养目标不能实现,前面的培养目标必然实现不了。本章提出的教育对策将致力于后面培养目标的实现,针对第三章、第四章校园内大学生道德责任现状与原因分析的研究结果,在学校和教师等层面提出若干条建议,希望能够在一定程度上提升校园内大学生道德责任水平。

## 一、学校层面:提升制度德性

杜时忠教授指出,制度德性指的是制度是否符合道德以及符合道德的程度。[1] 德性程度高的规章制度能够促进大学生更好地选择行为偏好,而且这种促进作用是通过规章制度的强制性作用来实现的。大学生道德生活受学校制度德性的制约,学校制度德性的缺陷必然会导致大学生丧失道德生活规范。邓小平同志指出,制度好可以使坏人无法任意横行,制

---

① 杜时忠.制度德性与制度德育[J].教育研究与实验,2002(1):38-43.

度不好可以使好人无法充分做好事,甚至会走向反面。① 当前,我国已经全面进入法治时代,不断改善的社会制度环境保证了学校制度良性改革和不断完善。制度是德育的资源,制度具有道德教化价值,制度德性能够养成个人道德。② 正义、平等、公正、法治的学校制度是提升大学生道德责任水平的支撑和保障。

**(一)落实已有的较好制度,发挥其能够发挥的正面影响作用**

"较好"制度是指经过实践检验被证明教育效果较好的管理制度。杜时忠教授指出,学校制度的道德合理性判别遵从三条标准,即学生参与、发展为主和服务生活。③ 制度实施效果就应该按照这三条标准进行论证。较好的管理制度体现了公平、公正、民主和法治精神,以教师和学生良好行为规范的形成为目的,旨在建立和维护良好的学校秩序,保证学校教育工作的稳定、有序和不断发展。一般来说,高校不缺少这样较好的管理制度,但是缺少使这些较好的管理制度如何落实的管理制度。在一些高校,已有制度里有部分较好的管理制度还没有得到落实,比如本科生导师制和校园内禁烟。

14世纪初牛津大学首创导师制,在本科生导师制建立初期,导师的职责是监督约束学生行为规范,承担着家长的责任。后来,导师的责任扩展了,不仅要关心学生的生活,负责学生的道德品行养成,而且要负责指导学生的学业。④ 从16世纪至今,导师制已经成为剑桥大学教学制度的核心。学生个人与导师面对面交流,导师了解学生的学习状况,在与学生探讨和交流的过程中启发学生思考,注重挖掘学生的潜能,循循善诱培养德智并重的人才。⑤ 时至今日,全世界各个国家的高校普遍都设置了本科

---

① 邓小平.邓小平文选:第二卷[M].北京:人民出版社,1994:333.
② 刘超良.制度德育论[M].武汉:湖北教育出版社,2007:59.
③ 杜时忠.制度德性与制度德育[J].教育研究与实验,2002(1):38-43.
④ 周常明.牛津大学史[M].上海:上海交通大学出版社,2012:212-213.
⑤ 刘亮.剑桥大学史[M].上海:上海交通大学出版社,2012:69.

生导师制,制度的实施效果是非常明显的。我国高校也普遍建立了本科生导师制。一般情况下,每一位专职教师是一个班级或十几名学生的导师,指导学生四年的学业学习和日常生活。本科生的辅导员侧重于生活和学习规范的管理,对学生的学业发展指导相对欠缺,由于日常事务比较繁忙,负责几百名大学生的日常管理,很难关注到每个本科生的学习和生活。本科生导师能从学生的日常学习和未来发展规划等方面对学生进行细致指导,可以针对具体事务或具体情况与学生进行交流。特别是对于学生在道义判断、责任判断和道德行为等方面出现的认知缺失或困惑,本科生导师有更多时间和精力给予专业性的指导。然而,在一些高校,学校不对本科生导师工作进行监督和考核,本科生导师干多干少都一样,甚至为负责任的本科生导师设置工作障碍,因此,个别本科生导师都没有履行导师制度里规定的职责,本科生导师制形同虚设。鉴于认真实施本科生导师制高校取得的明显教育效果,特别是良好的德育效果,高校应该严格落实本科生导师制,根据每个教师的业务特长和学生发展需要,科学匹配教师和学生,所有教师都认真参与相关工作,促进大学生学业发展,关注每个大学生日常道德行为,提升大学生道德责任水平。

下面这个关于禁烟的例子说明了落实制度的一个关键问题,好的制度还需要好的领导过问,抓一抓,才能使德性制度落到实处。2014 年以前,校园里大学生吸烟现象非常普遍。2014 年,教育部下发《关于在全国各级各类学校禁烟有关事项的通知》,要求高校全面禁烟。在某高校,教育部出台禁烟通知后的两个月,学生处严格落实教育部的通知要求,校园内很少出现吸烟现象,但是几个月后,吸烟问题逐渐反弹,愈演愈烈。课间,教室门口和教学楼的走廊里烟雾腾腾,路过的师生捂住口鼻,加快脚步前行,有一些路过的师生不停地咳嗽。这种现象持续了很长时间,直到该校一位新校长就任。新任校长广开言路,给各个部门下发文件,强调自己将接见谏言的教师。一位普通任课教师向新任校长陈情此事,请求全校禁烟,新任校长慨然同意,第二周学生处严抓校园内大学生吸烟行为,

## 第六章 提升校园内大学生道德责任水平的教育对策

违反规定的学生被严肃处分。就这样,这所高校校园内大学生吸烟现象杜绝了。

检视高校已有的规章制度文件,对大学生纪律和道德等方面的管理不可不细致,但是,在一些高校,这些政策落实了多少呢?类似本科生导师制和禁烟规定等很多制度都没有落实。因此,如果高校管理者想提升校园内大学生道德责任水平,就必须先全面梳理一遍已有制度,认真检查还有哪些较好的管理制度没有落实到位。在这方面,应该发挥教职员工维护校风、心系学校发展的积极主动性。就像上面禁烟这个案例,学校高层领导不在一线,很难了解很多实际情况;中层和底层领导常常有顾虑,不想惹麻烦;绝大多数一线教师也不清楚怎么向上反映问题,特别是底层领导和中层领导习惯性地把一线教师的意见和建议压下来;只有极个别耿直的教师,只要给他们一个发言的机会,他们就敢"越级"向学校高层领导特别是学校"一把手"校长谏言。所以,提供这样一个合理"越级"的机会,让一线教师能够和学校高层领导特别是学校"一把手"校长谏言,对落实学校已有的能够提升大学生道德责任水平的较好制度极其重要。落实学校已有较好的规章制度,也是学校各级管理者为全校学生树立负责任的表率,充分发挥已有较好制度能够发挥的正面影响作用。

### (二)完善已有的较差制度,根除负面影响因素

"较差"是指已有制度已经不能适应新时期新形势学生管理需要,该制度越来越给学生以学校不负责任的印象,学生意见反映强烈,越来越多的学生因为这个制度而选择不负责任的态度和行为倾向。

仔细审视高校所有的管理制度,不难发现,个别管理制度缺少公平、公正、民主和法治精神。规范的制定与实施本身包含了一定的伦理价值预设,规范在限制人们行为的同时也期望人们接受规范中所预设的道德价值。[1] 如果这个预设的道德价值是虚伪的,或者存在不公平不公正等致

---

[1] 刘丙元.当代道德教育的价值危机与真实回归[M].北京:北京师范大学出版社,2012:222.

命缺陷，规范的实施不可能被制度所保障。例如，针对学生考试作弊特别是集体性考试作弊，惩戒制度只是用来惩罚作弊最严重的涉事学生，这样的制度就是"较差"的，甚至可以说"最差"，直接、彻底地带坏了校风、教风和学风。当某个专业出现了学生集体考试作弊时，不能仅仅根据学生守则的规范要求严厉惩罚涉事的学生，也要追究监考教师、该专业辅导员和所在学院领导等人的责任。一个考场里出现了大规模的作弊，监考教师必然是违反了监考守则，没有认真履行监考职责。一个专业某个年级的180名学生近乎一半都在考试前预购考试过程中手机传进来的答案，辅导员竟然毫不知情，这说明辅导员工作不细致，这个学院的主管领导也要承担一定的领导责任。但是具有讽刺意味的是，这件事情的处理拖了一个半月，仅仅开除了一名学生，取消了两名学生的学位申请资格，而其他付钱买答案并在考试过程中拿出手机抄写答案的涉事学生该门课程成绩仅仅记为零分，这样的处罚结果体现了学校管理制度德性的缺失，随之带来的是学生道德生活的进一步无序。在下一学期的考试过程中，该专业学生继续肆无忌惮地作弊。

　　对于学生期末考试替考、组织买卖试题等严重性的考试作弊，几乎所有高校的处理结果都是一样的，即开除学籍。而对于学生期末考场上携带与考试相关资料的纸条或手机等一般性考试作弊，不同学校有着不同的处理办法：有的学校规定，一律按照作弊处分，取消毕业时的学位授予；有的学校规定，把违纪情况全校通报批评、取消评优评先等资格、作弊情况如实记录在档案里；有的学校规定，考上研究生、在规定的学术期刊上发表学术论文、获得一等奖学金或创新创业竞赛中获得省级二等奖以上，可以撤销学生作弊处分；也有的学校不设置任何撤销条件。所有学校都有权力自主制定不违反法律、符合本校校风传统和办学宗旨的校规校纪。在学生考试作弊方面，校规校纪既要有刚性，掷地有声，严肃对待，又要体现一定的柔性和道德性。如果因为一次一般性的考试作弊，并且不给任何撤销处分的机会，这意味着彻底毁掉学生在本校的学业生涯，失去申请

## 第六章　提升校园内大学生道德责任水平的教育对策

学位资格的多数大学生都会被迫选择退学。对于一般性考试作弊的学生,不能只强调惩罚其错误行为,更要关注其后续行为的改正,刚柔相济的惩罚才能起到最佳的教育效果,提升大学生的道德责任水平。此外,如果对于一般性考试作弊学生的处罚没有任何后续的补救条件,学生毕业时没有学位证,那么,这将会大大降低监考教师严肃考场纪律的积极性,从而导致学生考试作弊的风气反而恶化。

对于考试作弊惩戒等制度的不断完善,是学校管理者的"不完全契约"道德责任。一些学校管理者选择睁一只眼闭一只眼,不想实现工作突破,也不想引起工作麻烦,循规蹈矩延续前任管理者的工作,这似乎也无可厚非,特别是那些制度确实曾发挥了很好的作用,当前很多高校也在实施这样的制度。因此,当管理者继续实施这些"较差"的制度时,我们确实不能谴责他们。但是,如果实施这些制度的管理者想要获得舆论的广泛赞扬,就必须完善这些"较差"的制度,根除原有制度带给学生的负面影响因素。

埃哈尔·费埃德伯格(Erhard Friederg)认为,功利的动机和道德的动机,在真正的行动条件中总是纠缠在一起,即使是为了研究的意图而尝试将它们分离开来的努力,最终让人看到的景象也只是虚幻的、乏味无聊的,甚至会产生相反的结果。[①] 有的高校管理制度存在很多问题,学校不负责任是很多学生不想履行道德责任的主要理由。学校图书馆为了节省电费,晚自习时关闭学习人数较少的楼层;寒冷的冬天,图书馆死板地按照规定上午8点开馆,丝毫不顾及馆外排队学生受冻状况。当上述类似情况反复出现时,学生还会遵守道德责任规范的要求吗?学校管理人员和教师尚不能以身作则,为人师表,履行他们应当履行的基本道德责任,为何要求学生听从他们的话,要学生遵守学校和教师所规定的基本道德责任,甚至履行超义务道德责任?一旦感知到学校和教师对学生不道德,

---

① [法]埃哈尔·费埃德伯格.权力与规则——组织行动的动力[M].张月,等,译.上海:上海人民出版社,2017:168.

做事功利化,学生对学校和教师就会产生强烈的不信任感和排斥感,明知一些行为属于道德责任,他们也绝不会履行这些道德责任。责任说教终结之后,整个道德体系并不是轰然倒塌,而是呈现出一个无序的发展与有序的伦理重组并列的局面,该局面的依据就是个人主义规范其本身,因而可以认为,后道德时代所呈现出来的是一种"有序"的混乱。① 这种有序的混乱在一些高校比较突出。

举一个完善较差已有制度的成功案例。超期还书罚款,这是高校图书馆普遍性的管理制度,既规范了图书管理,促进图书借阅的流动性,也实现了经济创收,提升了教师福利。对于前者,大学生都非常认可,但是忙碌的功课使大学生难免错过最后的还书截止日期。对于大学生特别是经济条件不好的大学生而言,几元或几十元的罚款不是小数目。当图书馆号召同学们把不用的书籍捐给图书馆时,响应者寥寥。图书馆的管理者不知道其中原委吗?肯定是知道的,但是管理制度仍然保持不变,延续着已有的工作惰性。有一所高校图书馆近来完善了图书管理制度,把原来的超期还书罚款,变为超期几天则禁止借书几天。对此,大学生们普遍欢迎,大家都认为这是非常人性化的管理制度,图书馆管理者们认真做实事,完善后的图书超期惩罚制度体现了对学生的负责任。很多学生不无感慨地说,如果学校各个部门的管理者都能这样工作,根除那些影响大学生履行道德责任的负面因素,大学生们必然会感恩学校,不但履行自己应该履行的基本道德责任,也会考虑履行一些超义务道德责任。

## (三)建立新制度,形成更多正面影响因素

新制度的建立既要保证满足多数学生实际上拥有的任何合理偏好,又要促进多数学生形成更好的偏好,即便此时会损害部分学生的合理偏好或者多数学生原有的习惯偏好。满足偏好的目的很难符合帕累托标

---

① [法]吉尔利波维茨基.责任的落寞:新民主时期的无痛伦理观[M].倪复生,方仁杰,译.北京:中国人民大学出版社,2007:8-9.

准。根据帕累托标准,改变现存社会状态是有益的即是帕累托更优的——如果至少有一个人的景况因此而得到改善,而且也没有任何一个人的景况因此而恶化的话。① 例如,很多高校要求大一学生参加早晚自习,大一期间(计算机、软件和动画设计等专业学生除外)不允许携带笔记本电脑入校,各个年级学生上课前必须把手机放进前面的手机袋里。显然,这些制度损害了一些学生甚至多数学生的合理偏好。但是,这些管理制度能够促使学生形成良好的学习习惯,促进学生更好地专注于学业。这些制度虽然不符合帕累托标准,但是确实是对全体新生有益的制度措施,高校应该制定类似制度。

**1. 协商制定《校园内学生道德责任行为促进条例》,形成道德责任的完全契约**

唐爱民教授指出,规范性是道德的最基本特性,道德教育必须加强道德规范的教育——体现规范性的道德教育。因为,从一般意义上讲,学校道德教育必须要求学生遵循什么,并对其行为规范予以评价。② 道德责任契约的自我实施机制强调大学生的自觉性,需要大学生正确认知、自觉认同、认真履行。对于不履行道德责任的现象,学校、教师和同学的舆论和批评氛围,能够对契约的履行起到明显的促进作用。道德责任契约的常态化、制度化,不能靠突击,而要靠立法。《校园内学生道德责任行为促进条例》(以下简称《促进条例》)将弥补目前在道德责任促进规范化方面的空白,消除道德责任行为认知领域的盲点和误区。由大学生和教师等共同协商制定《促进条例》,通过立法进一步推进德治与法治相结合,提升校园内大学生道德责任水平。

《促进条例》侧重于道德责任的一般性指导原则,不可能列举出所有道德责任内容,但是可以通过列举不在微信群里打扰别人、不在有人学习

---

① [美]凯斯·R. 桑斯坦. 权利革命之后重塑规则国[M]. 钟瑞华,译. 北京:中国人民大学出版社,2008:37.
② 唐爱民. 道德教育范畴论审理——德育范畴论初探[D]. 济南:山东师范大学,2006:93.

的自习室里说话、主动擦黑板、举报考试作弊等大量典型道德责任行为,引导大学生进一步讨论和拓展道德责任内容。对于不同层次道德责任,必须明确不同的对待方式。可以谴责不履行基本道德责任的同学,但不能谴责不履行超义务道德责任的同学。可以赞扬履行超义务道德责任的同学,但不能赞扬履行基本道德责任的同学。《促进条例》必须明确这些奖惩原则。

唐汉卫教授强调,合作型的公民社会取向要求培养公民的合作意识、协商和对话精神。[①]《促进条例》的制定过程必须坚持民主协商和平等对话原则。协商和对话的过程体现了学校的道德氛围。柯尔伯格的研究表明,生活在民主平等道德氛围中,学生的道义判断、责任判断和道德行为相对较好,反之,学生的道德认知和道德行为相对较差,并且两者差异非常明显。协商的民主,对话的平等,不等同于最后成文的《促进条例》符合每一个学生的道德需求,而是在协商和对话过程中每一个人都能畅所欲言,充分表达自己的观点,充分交流和辩论。最后成文内容必须经过投票表决,得到多数人认可才能写入《促进条例》之中。

《促进条例》的落实过程只能依赖于师生舆论、交往压力和个人认同的道德观念,不能用纪律和法律的措施来强制实施。道德强制是一种恶,教育运用强制手段执行某种道德不仅是徒劳的,也是不道德的,用不道德的手段去实现高尚的道德,只能引起更多的不道德。[②] 坚持鼓励与惩戒相结合,对缺乏责任的行为以批评、通报等方式进行惩戒。对于乱扔垃圾、打扰别人等不道德行为要加强舆论约束和谴责。在校园里室外LED屏幕上,可以播放经过马赛克等技术处理的、不公开个人信息的图片或视频,以此来强化道德谴责的舆论氛围,对不履行道德责任的学生施加更大的交往压力。对优良传统、凡人善举等将通过舆论宣传进行褒奖。在征得被表扬者同意后,应该在一些宣传栏和LED屏幕上滚动播放其良好的

---

[①] 唐汉卫.从我国公民社会的特点看学校道德教育的选择[J].教育研究,2015(11):20-24.
[②] 金生鈜.质疑建国以来的道德教育规训[J].教育理论与实践,2001(8):31-37.

超义务道德责任行为表现,营造积极向上的道德舆论氛围。

童世骏教授指出,规则在制定、颁布以后,就具有了对于规则的制定者和颁布者来说的相对独立性,不能随心所欲地加以改动。① 但也要适应新形势的发展需要,及时协商修订和完善已有的《促进条例》,使这份道德责任完全契约具有较强的适应性、可操作性,清晰地规范大学生在日常校园学习和生活中的基本行为,持续地发挥实践作用。

**2. 建构"释责"委员会,树立权威、正义和公正的道义判断**

在"新草地寓言"里,四个独具生活方式的部落在共同面对一块新草地时会发生种种冲突。乔舒亚·格林(Joshua D. Greene)认为,在各自的观念中,他们都是道德的人,这些争斗不代表他们本性自私,而是因为他们对于道德社会的看法不同,彼此不能相容。每个部落特有的哲学观念已经渗入了日常生活,每个部落对于道德常识也都有自己的界定方式。② 当今社会,多元文化的相互碰撞并非根植于中西方责任伦理观点的差异,中国传统文化亦是"百花齐放,百家争鸣",来自不同地区学生的道德常识界定方式或多或少存在一些差异,甚至表现出来明显的道德责任认知差异。大学生在面对道德责任情境时的选择也在某种程度上反映了责任认知的多元性,每个人的行为选择都是基于自己道德常识的认知,并采取自己认为恰当的道德行为。

多元的道德认知在发生冲突时并非不可以裁决,对此,乔舒亚·格林提出"元道德"作为道义裁决的"通用货币"。元道德能够在不同部落的道德观发生冲突时进行裁决,就像一个部落的道德观可以裁决部落内的个人利益冲突一样。③ 如果存在不确定性,那么能够控制不确定性的行动

---

① 童世骏. 论规则[M]. 上海:上海人民出版社,2016:179.
② [美]乔舒亚·格林. 道德部落——情感、理智和冲突背后的心理学[M]. 论璐璐,译. 北京:中信出版集团,2016:8.
③ [美]乔舒亚·格林. 道德部落——情感、理智和冲突背后的心理学[M]. 论璐璐,译. 北京:中信出版集团,2016:13.

者,即使仅能对不确定性部分加以控制,即可利用不确定性,将他们自己的意愿强加给那些依存于不确定性的人。就要解决的问题而言,从行动者的观点上看,不确定性意味着权力。[①] 在校园学习生活过程中,由于契约的不完全性,很多情境中,道义判断和责任判断具有较大分歧,很多大学生迷失于各种不确定性之中。例如,课间,黑板上前一堂课老师的板书是否应该由学生来擦拭? 这种道德责任是否需要设置前提条件,比如上课的老师擦拭黑板不方便,因为她怀孕了或者他是老教师或者他手指受伤了,等等? 由于认知分歧的存在,误解和争议难免发生。为了消除类似的认知分歧,明晰教师和学生的道德责任的边界,需要建构极具权威性的释责委员会。释责委员会的释责就是乔舒亚·格林元道德思想里意欲表达但没有明确说出来的道义裁决"通用货币"。

释责委员会应该包括学生代表、教师代表和校外权威的道德专家等成员,成员的产生可以采取全校推举和投票方式,充分发挥民主、公正和平等的程序。释责委员会成员必须极具权威性,得到全校绝大多数学生和教师的充分认可,由此给出的道德责任解释才能得到全校师生的认同和遵守。释责过程的透明性和权威性是后续释责被承认的前提。当多数大学生对释责过程的透明性和权威性产生怀疑时,他们必然不会承担那些所谓的道德责任,因为那些所谓的道德责任似乎是权力拥有者希望被权力约束的大学生需要无私奉献的行为要求,是一种简单粗暴的单向要求。当责任和权利不对等,甚至只有责任而没有相应的权利时,责任被普遍理解成为命令。如果命令缺少人性关怀,大学生必然会抵制这些命令。只有当大学生感受到自己被尊重,自身的权益得到了关心和维护时,他们才会尊重权力拥有者,遵守权力拥有者的释责。

释责委员会的释责包括完全契约内容和非完全契约内容,即为后续执行过程中的基本道德责任内容和超义务道德责任内容。释责的目标是

---

[①] [法]埃哈尔·费埃德伯格.权力与规则——组织行动的动力[M].张月,等,译.上海:上海人民出版社,2017:203.

# 第六章 提升校园内大学生道德责任水平的教育对策

树立权威、正义和公正的道义判断。由此,释责委员会把道义判断的共识维持在一个较高的水平,有利于责任判断和道德行动水平的提升。根据第三章、第四章的数据分析结果,如果道义判断处于较低水平,大学生的责任判断和道德行动可能也是处于较低水平,从而使道德责任水平较低。因此,释责委员会的构建对于提升校园内大学生道德责任水平具有极其重要的意义。

### 3. 建立荣誉制度,提升积极主动的责任判断

高校建立具有自己鲜明特色的荣誉制度,将会逐渐成为学校的品牌之一,产生较强的社会知名度和巨大的社会影响力,反过来又会促进和提升校园内大学生道德责任水平。荣誉制度的建立,有助于为学生营造良好的校园道德责任氛围,唤起学生内心对规范的认同,对自身责任的感知。前面已经验证过柯尔伯格的论断"责任判断是从正义公正的道义判断通往道德行为的桥梁",较高水平的道义判断和责任判断,较大可能性会伴随符合道德责任要求的道德行为。通过荣誉制度的建立,荣誉校风的感染,大学生责任判断水平将会得到明显的提升,进而提升校园内大学生道德责任水平。

### 4. 制定见义勇为帮扶机制,降低超义务道德责任履行过程的社会成本

对于那些因为制止或防止他人合法权益被侵犯而损害自身合法权益的行为者,学校应当制定相应的帮扶政策,助其摆脱见义勇为之后的困境。学校管理者应当旗帜鲜明地支持见义勇为的大学生,在物质和精神等方面给予支持,用实际行动弘扬大学生超义务道德责任精神。帮扶机制里的帮扶力度一定要能基本覆盖住大学生见义勇为之后面临的不必要的社会成本。在第三章里,仿真实验的结果表明,负责任的社会成本逐渐提升时,大学生群体负责者密度逐渐下降,特别是在不负责收益超过负责收益一半时,群体负责者密度呈快速下降的趋势。由此可见,要提升大学生超义务道德责任水平,必须制定大学生见义勇为的帮扶机制,大大降低

大学生履行超义务道德责任过程中可能出现的社会成本。

2018年1月23日,河南郑州市中级人民法院在对2017年发生的电梯劝烟猝死案的二审判决书中有这样一段话:"包含生态环境、维护社会公共利益及公序良俗是民法的基本原则,弘扬社会主义核心价值观是民法的立法宗旨,司法裁判对保护生态环境、维护社会公共利益的行为应该依法予以支持和鼓励,以弘扬社会主义核心价值观。"公正的司法判决为社会守住了道德底线。对于积极道德外烁的有良知的公民,当他们陷入司法困境时,应该旗帜鲜明地赞扬他们的积极行为,否定积极行为之下非预期性不良后果的法律责任。唯有如此,其他具有道德外烁倾向的公民才能受此鼓舞,解除后顾之忧,伸张社会正义。这是一个非常典型的法律和道德案例,对于构建提升大学生道德责任的制度有着重要启示。

自2006年彭宇案以来,是否搀扶摔倒的老人,一直是社会的热点话题。彭宇案的确影响了众多的见义想为却不为的人,使他们不再信任那些需要救助但并不会因此而诬陷他们的人,当然也不再信任法律。[①] 个别大学生也亲身遭遇了类似纠纷。很多大学生陷入了两难,不知道该怎么办。2011年11月,北京大学常务副校长吴志攀说:"你是北大人,看到老人摔倒了你就去扶。他要是讹你,北大法律系给你提供法律援助,要是败诉了,北大替你赔偿。"2012年11月17日,重庆大学发布一份声明,鼓励本校学生积极做好事,并且承诺:如果因为被讹诈,重庆大学法学院免费提供法律援助;如果败诉,重庆大学将替学生赔偿。学校的正式声明意味着一份正式契约的形成,体现了一种人性的关怀,解除大学生搀扶摔倒老人的后顾之忧。北京大学和重庆大学的声明与电梯劝烟猝死案二审判决书有异曲同工之妙。

正如傅维利教授所指出的,不论从时代发展的需求来看,还是从人道德发展的客观规律来看,推动人们从道德自律者成长为道德捍卫者都具

---

① 李长伟.成本、信任与共同体的教化——对见义不为现象的一种分析[J].湖南师范大学教育科学学报,2012(5):5-9.

有重要的时代价值。对于大学生可能出现的各种道德外烁行为,大学应该有预期和预案,不但在日常教育中要提倡这些行为,更要明确一点:如果积极行为之下出现了非预期性不良后果,学校将从物质和精神等各方面帮助实施积极行为的大学生,绝不能出现"英雄流血又伤心"的情况。当代学校要肩负起时代责任:向中国传统道德和道德教育中注入更多的刚性,指导学生勇于并善于将内心认同的主流道德以强健的方式外烁出来,从而为构建一个自律与外烁相辅相成、中国传统道德精华与现代社会核心道德特质有机结合、健康进步的社会道德生态做好人才和思想的准备。[1]

**5. 构建支持"道德学习"App 运行的保障制度,支持开展道德责任教育活动**

为了更好地适应网络时代迅猛发展和手机文化泛滥的复杂环境,高校有必要建设道德学习的手机微信小程序,即"道德学习"App。在"道德学习"App 的架构里,设置道德文献模块、道德楷模视频模块、答题积分模块和互动交流模块,等等。"道德学习"App 的内容围绕各种道德性问题,目的是提升大学生道义判断能力,强化责任的内在感知能力。"道德学习"App 聚焦于大学生道德认知能力的不断提升。大学生经常性登录 App 进行学习,促使其经常性内省反思,不断反思自身应该具有哪些道德责任。需要特别强调的是,"道德学习"App 的构建绝不能是走形式,内容一定是大学生喜闻乐见的,得到大学生真心支持的,绝不能强制大学生登录和学习。构建这样的 App 需要辅导员和大学生合力完成,需要日常的内容更新、维护和运营,更需要学校的经费支持。高校应该为此构建支持"道德学习"App 运行的各种保障制度,对工作人员保障、经费支持和奖励政策等制度进行科学设计。

---

[1] 傅维利.道德外烁的时代价值及教育策略[J].教育研究,2017(8):32-42.

## 二、教师层面:全员参与,促进提升

校园内大学生道德责任水平的提升,需要教师全员参与,共同促进大学生道德责任水平的提升。

### (一)所有教师:率先垂范,倡导道德责任

**1. 率先垂范,做学生履行道德责任的榜样**

为人师表,以身作则,这是师德建设的首要内容。教师经常要求学生履行道德责任,但是,只有教师率先垂范,身先士卒,大学生才有学习和模仿的榜样。这个道理极其简单,但是在实际工作中,我们发现,相当一部分教师没有做到这一点。当教师不断侵犯学生的合法权益,不制止或防止学生合法权益被侵犯,不增加学生合法权益时,在学生们看来,这样的教师给予大学生的道德宣传和教育都是虚假的,一点儿也不值得信赖,大学生绝不会按照这样虚伪教师的道德呼吁去承担道德责任。当然,也有很多教师能够履行自己基本的道德责任,也会花费一些时间和精力在课余时间给学生辅导功课,但是,除此以外,他们不知道还能做哪些工作来为学生树立履行道德责任的榜样。对此,本书引用了下面的一位高校数学教师一个工作设计。

这位数学教师提出,为了便于和学生及时交流互动,也为了部门和学校后台监控和过程考核,应该设计一个纯公益性质的微信小程序——"大学数学学习"App。这个小程序具有 QQ 群和微信群无法实现的功能。具体而言,"大学数学学习"App 的功能体现在以下几个方面:课程可以分块,教师和学生可以分组;大学数学每章的核心知识点都有单独的小视频;有重点和难点问题的小视频讲解;有线上习题库,可以线上练习、自测和模拟考试,并自动呈现解答过程;针对上述模块和数学问题,学生可以在小程序中直接点击教师进行实时互动;在小程序里,学生之间,学生和教师之间,可以文字互动,也可以上传各自的语音互动,还可以上传图片

进行互动;等等。

"大学数学学习"App 的建设是教师必须完成的工作要求吗？教师为此获益吗？显然都不是。教师需要为此花费大量的没有任何报酬的时间和精力。即便学校给补助,按照以往的惯例,也仅仅是象征性的奖励和补贴。参与此事的教师是在履行超义务道德责任,完全是为了学生能够更好地学习大学数学。通过"大学数学学习"App,师生之间频繁互动,有助于形成良好的学风,增强学生对教师工作的认可,体认教师率先垂范的道德精神,从而通过负责任的学习态度和行为表达对榜样的敬佩之情。

由上面这个案例,我们可以得出这样的结论:大学教师工作无小事,只要用心,真心,任何细微小事都可能激发大学生对履行道德责任榜样的效仿和追随。

**2. 督促大学生严格遵守基本道德责任**

金生鈜教授指出,公民是积极参与公共实践、具有公共理性、承担公共伦理义务、促进公共福祉的道德主体,其根本特征是具有公共认同、公共理性、公共风范、公共德性和正义感等构成的公共精神。① 戚万学教授指出,公共精神是公共生活及公共社会的基本属性与内在规定,公共精神是引领公共生活及公共社会发展的价值指南。② 公共精神涵盖的是最基本道德准则和规范,是人际交往互动的底线标准,是大学生必须履行的基本道德责任。例如,上课时把播放视频或游戏的手机摆在其他同学都能看到的桌面上,下课后随便遗弃垃圾,就寝后仍然玩电脑游戏或开灯看书等,这些行为都符合每一个学生的自我利益,在这些情形之中,个人收益大于个人成本。由此可见,对于每一个学生来说,他们应该具有的偏好是:确保每一个学生都不要出现上述行为,遵守公共德性,形成公共理性,承担公共伦理义务,形成正确的公共精神,不损害公共利益。

---

① 金生鈜.公民的伦理身份及其养成[J].北京大学教育评论,2014(2):73-87.
② 戚万学.论公共精神的培育[J].教育研究,2017(11):28-32.

对于手机微信和QQ等现代交流工具,所有教师都应该引导大学生遵守基本的道德规范,不侵犯别人的网络安宁和不侵犯别人的生活安宁同样重要。2013年北京市第一中级人民法院针对骚扰信息、垃圾邮件频发事件,提出要对"网络安宁权"进行保护。网络安宁权和生活安宁权具有很多相似的权益诉求。生活安宁权,是指自然人所享有的维持生活领域的安定、宁静状态,并排除他人非法侵害的具体人格权。[①] 安宁是指秩序正常,没有骚扰。安宁生活利益则指自然人享有的安稳宁静、不受骚扰的私人生活状态。因此,隐私利益与安宁生活利益均具私人性和伦理性。骚扰意为使不安宁,扰乱。[②] 在QQ群里发送与大多数人无关的信息打扰了大多数人工作生活的安稳和宁静,实质是对大多数人的骚扰,侵犯了大多数人的网络安宁权。虽然这种侵犯不是有意的,甚至很多被侵犯者没有意识到自身权益受到侵犯,但是从公共理性的角度出发,这种行为仍然触犯了网络安宁权和生活安宁权的边界。因此,首先,应该明确网络安宁权和生活安宁权的道德和法律地位,将公民安宁权单独列为一项独立的人格权,将其从隐私权的框架中分离出来;其次,明确列举私人安宁生活利益的类型,明确、有效地防止这些行为的发生。安宁权列举范围不仅包括精神方面,还应包括原生活状态、环境、秩序甚至已有生活习惯。[③]

对于破坏公共利益,没有履行基本道德责任的现象,每一个教师都有责任在课堂上进行公开的批评和谴责,强调这些现象的蔓延对每个大学生、对校园文化、对社会的危害。虽然这些内容不属于教学大纲和教学日历规定的内容,但是,课堂教学过程中或者课堂教学前后偶尔短暂出现类似评价,不影响正常的教学计划,而且这是立德树人教育的一部分。所有教师都应该针对即时出现的道德现象进行评价,有意识地引导大学生对身边不道德现象、不履行道德责任行为进行公开性的舆论谴责,从而实现

---

① 何建国.生活安宁权及其保护探析[J].西安石油大学学报:社会科学版,2016(4):69-75.
② 刘保玉,周玉辉.论安宁生活权[J].当代法学,2013(2):49-56.
③ 郑敏.网络侵权行为下对公民安宁权的诉求[J].法制与社会,2017(7):295-296.

对不负责任学生施加人际交往压力,迫使他们改善行为,逐渐形成符合公共精神要求的个人内在价值观念体系。

### 3. 呼唤大学生提升自身的超义务道德责任意识

苏格拉底说,生活的意义在于德性,在于不断做好事,在于人的不断追求道德修养的努力,在于参与一切善的和美的事物。① 责任教育的关键内容是引导学生"心有他人"。心有他人是道德的基础,是人际和谐的道德基础。② 心有他人,才能产生同情心,才能"想人之所想,及人之所及",成为一个利他主义者。公共空间存在的伦理基础是个体尊重"他者"。③ 尊重别人,不打扰别人的工作,不在公共场所大声喧哗,不在微信群和QQ群里发一些与多数人无关的信息,这是最起码的伦理规范。但是,道德责任教育不能局限于此,更应把"心有他人"延伸至"帮助他人",增加他人合法权益的层次。理解深度的幻觉现象表明,人们往往认为自己已经理解了事情的运行机理,但事实上他们并没有理解。④ 这给我们一个启示:让大学生对生活和学习中各种帮助性问题进行解释和讨论,会降低大学生对帮助别人问题理解程度的估计,能够在一定程度上增强心中有他人的意识,提升主动帮助他人的道德意识。

文明社会应该提倡普通公民在关键时刻见义"有为",这种"有为"应是"智为"而非简单的"勇为"。既要敢于斗争,又要善于斗争。⑤ 在校园内,时常会有不文明的事情发生,急需大学生积极踊跃"见义智为"。比如,高校很多教室都安装了监控设备,有的考生在考试前一天晚上把第二天考试相关的知识点写在考场黑板四周的墙面上。这个行为很容易被发现,即便不是当场被发现,也会在第二天或第三天被在这个教室上课的同

---

① [德]文德尔班.哲学史教程(上卷)[M].罗达仁,译.北京:商务印书馆,1997:111.
② 陈祖楠.心有他人:人际和谐的道德基础[J].绍兴文理学院学报,2009(5):119-122.
③ 赵鑫洋.共享时代的公共空间伦理问题[J].国家治理,2017(17):16-27.
④ [美]乔舒亚·格林.道德部落[M].论璐璐,译.北京:中信出版社,2016年:273.
⑤ 赵志毅.传统德育理念的新审视[J].南京师大学报:社会科学版,2006(3):97-101.

学发现,最多不会超过一周,这样一来,如果有同学把这个事情反映给学校保卫处,保卫处调取监控后,很容易查出违纪的学生。向保卫处反映情况的同学只需一个电话,如果担心自己电话信息被泄露出去遭到报复,这个同学可以使用网络电话,等等。总之,"智为"的方式有很多,学校有必要加强宣传各种各样的"智为"方式,从而方便更多大学生实现"道德外烁"。

**4. 明确大学生的职业是学业,大学生必须承担学业道德责任**

一般来说,规范和规则划分为道德、纪律和法律三个层次。傅维利教授把道德划分为社会公德、职业(学业)道德和家庭美德。学生的学业生活与其他各职业工作具有以下相似性:从事的事情相对固定,并具有一定的特殊性和专业性;从事的事情都要求遵守具有特殊性和针对性的道德规范要求。教师、医生、司机等各行各业都有自己的职业道德规范,学生的学业生活也应有其相应的职业道德规范。学业道德教育是学生道德教育中最核心的内容。学业道德,即学生在学业生活过程中所应遵循的道德规范以及与之相适应的道德观念、道德品质及其应有的道德追求。[①] 在此概念下,学业道德内容包括学业道德准则、学业道德情操和学业道德品质。学业道德又分为在校学习道德和在校生活道德,由此,大学生既要承担在校学习道德责任,也要承担在校生活道德责任。

大学生经过自我(或家长)选择进入一所大学读书,那么,他就要遵守该校的校规校纪,遵守学校和老师给学生设定的道德责任内容。虽然个别道德责任内容不具有道德性,侵犯了大学生的合法权益,但是大学生不能因此而拒绝承担所有的道德责任。对于个别不合理的规范要求,大学生应该积极维护自身合法权益,依法依规反映问题,寻求平等对话和协商,妥善解决矛盾和分歧。积极反映问题,是学生爱护学校的具体表现,也属于大学生学业道德责任内容之一。

---

① 李宏亮.学业道德:实现德育与学业生活有机融合[J].中国教育学刊,2011(5):82-84.

# 第六章　提升校园内大学生道德责任水平的教育对策

大学教师要为学生明晰学业道德的内涵和特点,提升立德树人教育的针对性和实效性。学业道德的边界清晰了,教师的德育工作才有明确的工作内容和工作标准。学生对行为规范内容清晰了,清楚了违反学业道德、学业纪律、公共道德等规范规则将受到的惩罚,才会有意识地控制自己的行为不越界。对学生来说,学业道德规范是一种约束,也是一种劝导。学业道德规范的一个重要作用是"谨乎其外,以养乎其内",通过长期恪守这些规范,学生逐渐养成学业发展所需要的良好习惯,由外及内地促进个体道德的自觉性和自律性。谨外以养内,他律转向自律,用学业道德规范的力量铸就学生的优良素质。

学生校园生活的核心内容是学业生活,学生时代最重要的追求是学业不断进步和提升。学校道德教育必须能够契合学生的生活需要,强有力地支撑学生的学业发展。学业道德将德行养成与学业发展有机结合,从而能在更大程度上唤醒学生心中为自己或是为所属群体行为立法的意识,并在意识向行动的转化中推动自身学业的发展。[1] 树立学业道德观念,有助于在教育实践中把学习生活与道德教育进行融合,加强学生学业发展过程中应该遵守的道德规范。

教师应当重点帮助学生清晰地划分出公共领域、职业(学业)领域和私人领域的界限,为他们形成良好的公德打下坚实的观念基础。当学生清晰地认识到在不同的领域内应按照不同的道德原则来行事时,良好公德才有了形成的观念基础。[2] 学业法律规定、学业纪律规范和学业道德规范共同构成学业生活规范体系。学业纪律制定的严肃性、表达的清晰性和实施的有效性,体现了学生学业生活总的伦理原则。教师应当融合学业法律教育、学业纪律教育和学业道德教育,促进学生理解学业道德的伦理原则。教师应当通过案例分析,引导学生明确在学业发展过程中各种

---

[1] 李宏亮.学业道德:实现德育与学业生活有机融合[J].中国教育学刊,2011(5):82-84.
[2] 傅维利,刘靖华.公德困境形成的机理及其对学校公德教育的启示[J].教育科学,2017(1):18-24.

不适当的行为违反了哪个层次的规范和规则。通过劝导、规训和惩罚,增强学生学业道德的自觉性,积极主动地承担职责,做好学生应当做好的工作,从而实现学业道德外律向学业道德自律的顺利过渡。

## (二)学生辅导员:加强大学生道德责任行为的养成教育

在这里,学生辅导员是指负责具体专业和班级学生日常事务的专职教师,包括一般的辅导员和团委书记,不包括受团委书记委托管理低年级学生的高年级学生,虽然这些高年级学生也被低年级学生称为辅导员。

### 1. 为每个学生建立个人道德行为档案

学生辅导员负责管理学生的学籍和档案,对每个学生以往信息的了解和掌握相对较多,特别是,他们有权利为每个学生单独建立个人道德行为档案。个人道德行为档案包括学生辅导员、任课教师、班干部、家长和职工等对学生个人日常道德行为的观察和评价,也包括学生不同阶段自我评价和反思。个人道德行为档案是一个过程性的评价、发展性的评价。通过对四年学习和生活的点滴事件的描述和评价,生成一幅幅大学生道德行为发展画像,透过这些画像,能够在一定程度上推测每个大学生未来道德行为的可能性表现。

个人道德行为档案涉及了个人隐私,不经过大学生同意,学生辅导员不能公开和传播档案内容。大学生有权拒绝公开档案内容,但却无权阻止学生辅导员的记录行为,因为记录这些信息是学生辅导员的基本权利。

个人道德行为档案需要恰如其分地发挥其应有作用,对大学生道德行为表现起到关键性的指挥棒作用。在评优、评先和入党时,大学生德行和德行表现是一个重要的考量因素。在自主应聘和推荐就业时,学生辅导员向招聘企业介绍学生个人道德行为档案的存在性和重要性。若应聘学生同意公开,招聘企业看到了大学生良好的个人道德行为记录,有助于实现求职应聘的成功。大学生可以以个人隐私为由拒绝向企业公开自己的道德行为档案。但是,如果大学生同意向企业公开自己的道德行为档案,就必须向所有人公开,因为这样才能保证企业看到的档案内容不是大学生和学生辅导员合谋窜改或节选的,而是真实的、完整的、具体的个人道德行为记录。

**2. 综合使用多种道德责任教育的实践方法**

道德责任认知和行为是大学生在长期实践过程中逐渐生成的,不是朝夕之间能够形成的。学生辅导员加强大学生道德责任行为养成教育的方法主要是实践方法。通过道德性的实践活动,巩固和加强道德责任认知水平,内化为主体的价值观念。只有实现了人的自由选择和健康完善的发展,责任意识的升华才具有必然性,否则,主体不但不能实现社会价值,而且会成为破坏社会健康发展的罪人。① 行动实践方面,养成学生服从外部规则和承担责任的习惯。大学生在实践中担当义务、履行使命,在实践中理解道德责任,感悟道德使命。大学生在自主、自在、自由和自动的学习实践生活中产生强烈的道德责任需要,转化为大学生道德责任生成的不竭的生态原动力。② 针对大学生在伸张正义和关爱别人等方面缺少勇气的现状,应当巧妙设置一些实践活动项目,挑战大学生的心理承受力。实践活动项目的设计必须紧密结合真实问题中学生勇气不足的心理原因,切实解决大学生伸张正义时缺少勇气的问题。让每位同学尝试做一件或若干件伸张正义、惩恶扬善的事情,例如举报学校考场里考试作弊、社会上车窗抛物等违规行为。倡议同学们秉持友善和仁慈之心与不认识的同学主动交流、相互学习和纾难解困。向同学和老师敞开心扉,坦承自己的过失和不足。通过实践活动项目的实施,让同学们感受自身的社会价值以及履行道德责任之后的成就感和自豪感,不断提升自己的勇气。学生辅导员应该经常组织大学生义务劳动,捡拾操场和人行道上的垃圾,清洁教室卫生,等等。举办以弘扬道德为主题的文艺演出,创作与

---

① 李谧.风险社会的伦理责任[M].北京:中国社会科学出版社,2015:201.
② 丁心镜.探寻当代大学生道德责任生成机制[J].中国高等教育,2014(10):45-46.

道德相关的情景喜剧和悲剧。正如唐汉卫教授所强调的,不通过道德主体亲自的交往实践,即不通过主体的亲身生活,就不可能在真正意义上把握道德、享有道德和形成道德人格。① 总之,道德责任教育的实践方法有很多,综合使用各种方法有助于大学生道德责任行为的逐渐养成。

### 3. 建立并落实明确的、公平正义的奖惩办法

在不违背法律、校规校纪和社会公德等情况下,学生辅导员有权力根据实际工作需要制定本专业或本班级的道德责任行为奖惩办法。所制定的奖惩办法一定要具体明确,尽量罗列出各种可能性,对于一些不能彻底表述清楚的事情,可以选择建立一般性的指导原则。奖惩办法的制定仍然要遵循民主、平等、公平、公正的协商过程,内容的形成坚持少数服从多数的原则。

不断地通过外部规则遵守与否的奖励与惩罚练习,强化学生的外部规则认知,并且逐步内化成为他们的隐性认知,成为自身的一种良好品质。只有全面认真落实奖惩办法,才能切实发挥出其预期价值。对履行道德责任情况的奖惩只能是舆论方面的,通过公开性的表扬或批评,对被评价者给予人际交往的鼓励或压力,引导个人内在认同的价值观念的强化或重构。奖惩办法的实施过程是一个不断丰富和完善的过程,要适应新情况和新问题的出现。实施的过程需要学生辅导员的坚持和学生的积极配合,也需要获得学院领导的支持。学生辅导员只要秉持社会主义核心价值观确立的道德规范,以提升校园内大学生道德责任水平为工作方向,就一定可以克服奖惩办法实施过程中的困难和阻碍。

学生辅导员在工作过程中,应该时刻铭记金生鈜教授的警告:道德强制是一种恶,教育运用强制手段执行某种道德不仅是徒劳的,也是不道德的,用不道德的手段去实现高尚的道德,只能引起更多的不道德。② 金生鈜

---

① 唐汉卫.生活:道德教育的根本途径[J].华中师范大学学报:人文社会科学版,2005(6):172-176.
② 金生鈜.质疑建国以来的道德教育规训[J].教育理论与实践,2001(8):31-37.

教授的警告不论被重复多少遍也不过分,因为在当前高校学生道德教育过程中,确实存在很多道德强制,由此导致大学生出现了更多不负责任的行为。

### (三)专业教师:开设专门道德课程,提升大学生道德责任认知水平

每一个社会在确立并形成一定的责任时,必然要通过教育的方式将责任要求灌输到责任主体中去,这样,责任意志才能得以实现,道德教育是达到这个目的的最直接、最可行的手段,也是最基本的路径之一。[①] 与其他教师相比,开设道德课程的教师必须在道德哲学和伦理学方面阅读较多书籍,本科、硕士或博士学习阶段在这方面接受过系统训练,硕士或博士阶段以道德问题为主要研究方向。也就是说,开设道德课程的教师必须是相对比较专业的教师。

**1. 精准定"位",因"材"施教**

实施有效道德责任教育的前提是能够精准把握学生道德责任的真实水平。如果仅仅凭借个别事件和行为就武断地给学生定位,实施的道德责任教育必然事与愿违,甚至起到相反的道德责任教育效果。因此,在实施道德责任教育之前,教师必须比较准确地确定学生群体道义判断、责任判断和道德行为等各方面水平及其利他利己倾向,然后根据学生性别、年级、学科、来源地、是否班干部和学习成绩等身份特征对道德责任影响情况,实施相应的道德责任教育。从责任认知、情感认同和行动意志等方面进行教育干预。

以学生擦黑板为例,分为四种情况:第一种情况,认知到这个行为是一个道德责任要求,并擦拭黑板,即知而为;第二种情况,不知而为;第三种情况,知且不为;第四种情况,不知且不为。处于不同情况的学生应该给予不同的责任教育:对于第一种情况的学生,教师应当给予赞扬,并期许和鼓励他起到示范作用,带动更多学生"知而为";对于第二种情况的学

---

① 李谧.风险社会的伦理责任[M].北京:中国社会科学出版社,2015:201.

生,教师在赞扬他行为正确性的同时,巧妙地剖析行为的合理性,提升他对正确性行为的合理性认识,提升他行动的理性认知水平;对于第三种情况的学生,教师要深入分析学生"知而不为"的原因,原因往往来自学生对现实生活中负面事情和负面人物的消极反应,教师应该引导学生转换消极情绪,理性看待现实生活中负面事情和负面人物;对于第四种情况的学生,教师既要进行行为责任的合理性分析,也要进行行为的养成教育,同时也要避免第四种情况的学生在提升认知过程中出现第三种情况。当遵循规则的自觉训练、修养达到一定的程度,大学生对于规则的遵循,就会从勉力而行的自觉境界,进入孔子所说的"从心所欲不逾矩"的自然境界。[①] 根据教育的难易程度和预期达到效果,教师对四种情况中学生的责任教育的侧重点也是依次降低的。总之,道德责任教育前,需要对大学生不履行道德责任情况进行精准定"位",因"材"施教,为科学设计道德责任教育的内容做好充分准备。

**2. 科学设计道德责任教育的内容**

赵志毅教授认为,道德判断力的培养是对道德问题进行评判、反思及判定,依照动机的纯粹性来区分道德的实际行为,使人具有道德判断及道德选择的能力,培养人树立一种普遍的、最基本的、对主观起作用的道德法则。[②] 道德责任教育的内容应该包括责任知识教育、责任情感陶冶和责任行动实践等内容。道德责任教育不能局限于口头的说教,而是应该教会大学生具体的责任知识。责任知识的掌握是合理承担道德责任的前提和保证,通过责任知识的传授使行为者知晓何为善恶、负责的内涵、责任主体具备的条件、如何进行责任判断等。[③]

道德课程内容应该包括:与同学、教师和职工等人群交往过程中应该具备哪些道德责任;这些道德责任的来源是什么;如何惩罚不履行道德责

---

① 童世骏.论规则[M].上海:上海人民出版社,2016:195.
② 赵志毅.德育的"意志"转向——兼论走向"实践理性"的学校德育[J].教育研究,2012(2):53-59.
③ 郭金鸿.学校道德责任教育的原则[J].教育科学研究,2008(7):54-56.

任的行为;多个道德责任发生冲突时如何进行选择;什么情况下可以不需要承担道德责任;等等。在上述内容中,要反复突出廉耻教育的内容。廉耻教育是道德责任教育的重要内容之一。违反道德责任的行为的最主要、最关键的惩罚来自行为者的内心,是其道德良心的自责,个体内在产生羞耻感。外在惩罚的最主要目的就是要达到这个效果。如果外在的惩罚没有唤醒行为者的道德良心并引发他的羞耻感,那么外在的惩罚对于行为者来说就是失败的。道德良心和道德耻辱是道德责任教育的核心内容,要强化羞耻感教育,让羞耻感深入每个学生心中,唯有如此,惩罚教育才能有效地提升大学生责任判断水平,矫正道德责任缺失的情况。

道德责任教育内容应该能够服务于提升大学生面对道德困境时的情境匹配分析、策划和应变等能力,紧紧围绕这个目标进行内容设计。匹配分析力要求大学生准确地分析道德困境各种解决途径的主客观条件,选择最符合自己能力又能最大限度地降低对他人利益损失程度的途径。策划力是指大学生在具体情境中理性制订并选择行动方案的能力。组织同学们讨论如何帮助那些陷入困境的同学,对帮助的前提、原则、目标、途径、方法和内容等具体事宜展开深入的讨论,这有助于提升大学生解决具体情境的策划力水平。应变力是指大学生及时对方案执行进程展开评价和有效调控的能力。[①] 困境解决过程中必然会面临各种超乎预料的状况,大学生应当学习面对这些状况的应变技巧和能力。在组织同学们讨论道德两难问题时,可以集思广益,巧设突发状况的情境,考验和训练大学生的应变力。

道德法则作为义务必须被遵守,道德法则之下的伦理责任必须被承担,它们都必须被真正表象为行动的动机,否则,尽管有其行动的合法性,却不会导向意志的道德性。因此,我们必须注意勾画纯正道德意向和伦

---

[①] 傅维利,刘磊.个体实践能力要素构成的质性研究及其教育启示[J].华东师范大学学报:教育科学版,2012,30(1):1-13.

理责任感的建立和培养的各种方法。①

### 3. 道德责任教育的教学方法侧重于"辩"

"辩"既是辨析,也是辩论。在道德课程实施过程中,最主要的两个教学方法是讲授辨析和各种形式的辩论。

基本概念、基本思想和基本方法等核心道德知识由教师讲授辨析。道德知识讲授方面,要结合学生身边的典型学习和生活案例,案例的选择力求能够引起学生的道德认知冲突,并且通过引导学生深入思考,从而使其获得新的更高层次的道德认知图式。社会主义核心价值观包含12个词24个字,由此确定了每个公民必须遵守的道德规范。道德规范是非常丰富的,由此生成了具体的校园内大学生道德责任,进一步可以分成若干层次和内容。这样一个关于道德和道德责任的思维逻辑不是依赖反复背诵社会主义核心价值观就能实现的,必须依赖专业教师的专业讲解。诚然,研究道德问题的学者之间也有分歧,一些道德问题很难达成共识。与专门研究道德问题的学者相比,开设道德课程的教师也许缺少理论研究深度。但是,这两个问题并不妨碍开设道德课程教师的课堂讲授。以如何界定"道德"概念为例,本书认为,教师的讲授辨析应该遵循如下逻辑:首先,梳理古今中外一些主流的观点;其次,点评各种观点的理论价值和实践价值以及局限性;最后,给出自己认同的符合社会主义核心价值观的观点、理由和可能的局限性。

道德课程实施过程中,学生之间辩论,教师和学生之间辩论,各种观念和认知进行碰撞,冲击着每个人原有的道德认知结构。心理学家弗兰克·凯尔和同事一同证明了"理解深度幻觉"的存在性。大学生往往认为自己已经理解了事情的运行机理,但事实上他们并没有理解。② 大学生被迫对事情的运行机理进行解释之后,会降低自己对理解程度的估计,排斥

---

① 李谧. 风险社会的伦理责任[M]. 北京:中国社会科学出版社,2015:202.
② [美]乔舒亚·格林. 道德部落[M]. 论璐璐,译. 北京:中信出版社,2016:273.

和抵触的态度也会更加缓和。① 理解深度幻觉现象给我们一个启示：让大学生自己详细深入具体地阐释自己拒绝履行一些道德责任的理由，当描述这些理由后，他们会发现自己对这些理由的理解程度并不高，对拒绝的态度也会更加缓和。各种形式的辩论，特别是围绕道德两难问题的辩论，有助于消除大学生对一些道德现象和道德问题"理解深度幻觉"，提升他们的道义判断和责任判断水平。

**4. 课程开展过程体现自由、平等和公正的理念**

从课程设计、课程实施到课程考核，每个环节都要有学生的充分参与，以服务学生为目的，发展学生道德认知能力和水平，体现出自由、平等和公正的理念。自由意味着学生意志自由和发展自由，不能强迫学生接受道德知识。在坚持社会主义核心价值观的前提下，每个学生对一些道德现象和问题都可以有不同的道德认知，但必须是理性的认知，思维逻辑有一定的严谨性，依据充分、合理。每个学生都有参与的权利，即便表达的观点与绝大多数人不同，他的发言权利也不能被消除或弱化。教师公正地对待每一名学生，聆听每一个观念，解答每一个疑惑，接受每一个挑战，促进每个学生在不同层次上获得有意义的收获和提升。

## 本章小结

唐汉卫教授(2009年)认为，学校道德教育要融入学校全方位的生活中，通过政策制定、教学大纲制定、学校管理、课程设置等各方面有意识地传承和展示道德文化精神。② 提升校园内大学生道德责任水平，就要分别从学校和教师层面入手，完善和提升制度和教学的德性。

在学校层面，提升制度德性。学校管理制度与大学生道德责任状况息息相关。很多时候，大学生道德责任状况不佳，实质是学校管理制度问

---

① [美]乔舒亚·格林.道德部落[M].论璐璐,译.北京:中信出版社,2016:277.
② 唐汉卫.多元文化时代学校道德教育的文化自觉[J].全球教育展望,2009(7):67-71.

题在一定程度上的映射。从影响大学生履行道德责任的角度从发，对于其他学校实施效果良好且本校已经建立的管理制度，应该积极落实到位。对于学校已有的且运行效果欠佳的管理制度，应该主动广开言路，积极主动完善。此外，还应该围绕培养大学生道德责任建立新的制度，例如师生协商制定《校园内道德责任行为促进条例》，构建"释责"委员会，制定见义而为帮扶机制，建立荣誉制度，支持"道德学习"App，等等。

在教师层面，全员参与，促进大学生道德责任水平提升。对于所有教师而言，应该为人师表，身正为范，为大学生树立履行道德责任的榜样。在与大学生日常教学和生活交往过程中，教师应该营造道德责任氛围，督促大学生严格履行基本道德责任，倡导超义务道德责任意识和行动，特别是明确大学生的职业是学业，大学生必须履行学业道德责任。对于大学生辅导员而言，应该通过为每个大学生建立个人道德行为档案，综合使用多种道德责任教育的实践方法，建立并落实明确的、公平公正的奖惩办法，从而加强大学生道德责任行为的养成教育。对于开设道德课程的专业教师而言，应该因材施教，科学设计道德责任教育的内容，侧重于"辩"的教学方法，课程开展过程体现自由、平等和公正的观念。

虽然我们在学校制度和教师教学等方面努力提升道德品质，但是实际的教育效果可能并不是特别明显，大学生群体履行道德责任的状况没有明显改善。杜时忠教授（2007年）认为，从教育规律来看，教育结果的显现具有长期性、滞后性，德育不仅如此，其效果还有间接性、模糊性以及归因的复杂性。[①] 学校领导和一线教师要放眼未来，恪守本心，坚持信心——今日辛勤播撒的种子在若干年后必将结出丰硕果实。

---

① 杜时忠.学校德育实效的调查研究[J].教育研究与实验,2007(2):12-19.

# 参考文献

[1] 班华.现代德育论[M].合肥:安徽人民出版社,2015.

[2] 班建武.学校德育问题诊断的策略[M].上海:华东师范大学出版社,2014.

[3] 陈忠.规则论——研究视阈与核心问题[M].北京:人民出版社,2008.

[4] 程东峰.责任伦理导论[M].北京:人民出版社,2010.

[5] 杜时忠,卢旭.多元化背景下的德育课程建设[M].南京:江苏教育出版社,2009.

[6] 杜时忠.德育十论[M].哈尔滨:黑龙江教育出版社,2003.

[7] 丁文敏.大学生责任教育概论[M].济南:山东人民出版社,2012.

[8] 高兆明.道德文化:从传统到现代[M].北京:人民出版社,2015.

[9] 高兆明.道德失范研究:基于制度正义视角[M].北京:商务印书馆,2016.

[10] 高德胜.道德教育的30个细节[M].北京:中国人民大学出版社,2018.

[11] 甘绍平.应用伦理学前沿问题研究[M].南昌:江西人民出版社,2002.

[12] 郭金鸿.道德责任论[M].北京:人民出版社,2008.

[13] 何怀宏.伦理学是什么[M].北京:北京大学出版社,2008.

[14] 黄甦.美国大学校传奇[M].上海:上海文化出版社,2013.
[15] 黄向阳.德育原理[M].上海:华东师范大学出版社,2010.
[16] 侯晶晶.关怀德育论[M].北京:人民教育出版社,2005.
[17] 金生鈜.德性与教化[M].长沙:湖南大学出版社,2003.
[18] 金安.责任[M].成都:四川大学出版社,2005.
[19] 况志华,叶浩生.责任心理学[M].上海:上海教育出版社,2008年.
[20] 李谧.风险社会的伦理责任[M].北京:中国社会科学出版社,2015.
[21] 李晔,现代世界中的伦理规范:语言、事实、理由与行动[M].南宁:广西师范大学出版社,2017.
[22] 刘丙元.当代道德教育的价值危机与真实回归[M].北京:北京师范大学出版社,2012.
[23] 刘超良.制度德育论[M].武汉:湖北教育出版社,2007.
[24] 刘亮.剑桥大学史[M].上海:上海交通大学出版社,2012.
[25] 罗国杰.伦理学名词解释[M].北京:人民出版社,1984.
[26] 戚万学.道德教育的文化使命[M].北京:教育科学出版社,2010.
[27] 宋希仁,陈劳志,赵仁光,等.伦理学大辞典[M].长春:吉林人民出版社,1989.
[28] 石中英.教育哲学[M].北京:北京师范大学出版社,2007.
[29] 唐爱民.道德教育范畴论[M].北京:北京师范大学出版社,2012.
[30] 唐汉卫.现代美国道德教育研究[M].济南:山东人民出版社,2010.
[31] 檀传宝.学校道德教育原理[M].北京:教育科学出版社,2000.
[32] 田秀云,白臣.当代社会责任伦理[M].北京:人民出版社,2008.
[33] 童世骏.论规则[M].上海:上海人民出版社,2016.
[34] 王淑芹,曹义孙.德性与制度——迈向诚信社会[M].北京:人民出版社,2016.
[35] 王海明.人性论[M].北京:商务出版社,2005.
[36] 王孝坤,沈海东,孙琪.大学生公共责任文化素质养成[M].杭州:浙

江大学出版社,2012.

[37] 魏进平,魏娜,张剑军.全国大学生社会责任感调查报告[R].北京:中国书籍出版社,2015.

[38] 魏娜.90后大学生社会责任感调查报告[R].北京:知识产权出版社,2015.

[39] 谢逢洁.复杂网络上的博弈[M].北京:清华大学出版社,2016.

[40] 俞世伟,白燕.规范·德性·德行——动态伦理道德体系的实践性研究[M].北京:商务印书馆,2009.

[41] 张爱芳.美国大学校园文化研究[M].杭州:浙江大学出版社,2015.

[42] 张瑞.大学生责任教育新编[M].济南:山东人民出版社,2014.

[43] 周常明.牛津大学史[M].上海:上海交通大学出版社,2012.

[44] 朱贻庭.伦理学大辞典[M].上海:上海辞书出版社,2002.

[45] [比利时]米歇尔·梅耶.道德的原理[M].史忠义,译.北京:知识产权出版社,2015.

[46] [德]康德.实践理性批判[M].邓晓芒,译.北京:人民出版社,2003.

[47] [德]米歇尔·鲍曼.道德的市场[M].肖君,黄承业,译.北京:中国社会科学出版社,2003.

[48] [德]朱利安·尼达-诺姆林.理性与责任:实践理性的两个基本概念[M].迟帅,译.北京:北京大学出版社,2017.

[49] [法]爱弥尔·涂尔干.道德教育[M].陈光金,沈杰,朱谐汉,译.上海:上海人民出版社,2006.

[50] [美]爱德华·O.威尔逊.论人性[M].方展画,周丹,译.杭州:浙江教育出版社,2001.

[51] [美]L.柯尔伯格.道德发展的心理学:道德阶段的本质与确证[M].郭本禹,何瑾,黄小丹,等,译.上海:华东师范大学出版社,2004.

[52] [美]L.柯尔伯格.道德教育的哲学[M].魏贤超,柯森,等,译.杭州:浙江教育出版社,2000.

[53] [美]梅拉妮·基伦,朱迪思·斯梅塔娜.道德发展手册[M].杨韶刚,刘春琼,等,译.北京:教育科学出版社,2011.

[54] [美]托马斯·内格尔.利他主义的可能性[M].应奇,何松旭,张曦,译.上海:上海译文出版社,2015.

[55] [美]托马斯·斯坎伦.我们彼此负有什么义务[M].陈代东,等,译.北京:人民出版社,2008.

[56] [美]威廉·K.弗兰克纳.善的求索——道德哲学导论[M].黄伟合,包连宗,马莉,译.沈阳:辽宁人民出版社,1987.